말이
머무는
언덕

말이 머무는 언덕

초판 1쇄 펴낸날 2019년 11월 15일
지은이 이상철 | 펴낸이 강성도 | 펴낸곳 뜨란 | 편집 정선우
주소 경기도 고양시 일산동구 중산로 206, 704-704
전화 031-918-9873 | 팩스 031-918-9871 | 이메일 ttranbook@gmail.com
페이스북 https://www.facebook.com/ttranbook
등록 제111호(2000. 1. 6)
ISBN 978-89-90840-50-9 03810

ⓒ 이상철

인문철학과 한의학이 교유하는 백일 묵상

말이 머무는 언덕

이상철 지음

또란

말을 쓰는 자는 상대의 심장을 겨누는 것이 아니다.
말이 어느 인연을 따라 나에게 왔는가를 생각해보라.

아내 양승숙 카타리나에게 이 책을 바칩니다.

머리말

 이 책은 지금부터 2년 전에 무심히 쓴 글들을 정리한 것입니다. 그해 지루한 여름을 보내면서 문득 백일 정도만 머릿속에 머무는 생각들을 한번 적어볼까 하고 시작하였습니다. 그래서 매일 적게는 한두 개, 많게는 십여 개의 단상을 쓰곤 했습니다. 그 무료의 흔적이 바로 지금의 책이 되었습니다.

 마땅히 생각에 머무는 바가 없이 사는 것이 수양에는 좋습니다. 그러나 직업과 일로 그때그때 바쁘게 살다 보면 보통 삶의 잔 찌꺼기가 많은 법이지요. 그런 터라 서너 달을 써놓고 또 방치해 두었습니다.

 해가 지난 후 어느 날 아내에게 글을 보여주면서 읽어 보라 했더니 자못 반응이 좋았습니다. 여러 색을 펼쳐 놓은 듯이

다양한 색의 글이 얽혀 있는 것이 삶과 같은 모습이어서 즐거웠다 합니다. 그래서 용기를 얻어 제자들에게도 보였더니 모두들 좋다고 하여 이렇게 밖으로 내놓게 되었습니다.

옛 선비의 말에 완물상지(玩物喪志)라 하여 사물을 가지고 노는 것을 즐기면 뜻이 상한다 하였습니다. 생각도 하나의 무리라 이것을 가지고 희롱하니 마음이 자칫 흐트러질 수도 있었으나 그저 일관된 흐름으로 보냈기에 큰 나무람은 없을 듯합니다.

글의 내용은 얽매임 없이 생각의 흐름을 따랐습니다. 앞뒤 연관이 없을 수도 있고 간혹 어떤 철학자나 작가, 그리고 선사 등의 글에서 본 듯한 익숙한 말들도 있을 수 있으나 나름 은유한 것들이니 빙긋 웃어넘기길 바랍니다.

처음에는 가제를 '무명'(無明: 잘못된 의견과 집착으로 번뇌가 심하여 진리를 보지 못하는 어두운 상태)이라 정해 놓고 글을 썼는데 나중에 지금의 제목으로 고쳤습니다. 모든 살아 있는 것이나 말들은 허망한 것이니 여기에 늘어놓은 글도 한때 세상에 늘다간 흔적이 될 것입니다. 혹여 이 글을 읽고 불편하거나 뜻에 맞지 않는 부분이 있더라도 한 인간의 미혹한 생각이라 여기고 닫은 마음을 거두길 바랍니다.

나의 인생은 지고의 도덕과는 거리가 먼 삶이었습니다. 일반적인 사람으로 그저 하루하루를 열심히 살면서 양심의 소리에 이따금씩 머무른 것이 고작 나의 도덕이지요. 그러다가 죽음이라는 종착지에 이르러 생을 거둘 것입니다. 지난날의 인연과 체험과 슬픔이 이 책의 활자 밑 배경입니다.

마지막으로 이 글의 교정에 많은 힘을 써준 태한의학회 동경재의 김수남 회장과 여화동 원장을 비롯한 여러 제자들에게 감사의 말을 전합니다. 그리고 나로 하여금 이런 글을 쓸 수 있도록 편안한 마음을 선물하신 존경하는 누님 이상숙 선생님께도 감사의 인사를 드립니다.

2019년 10월
남강산방南岡山房에서
오당吾堂 이상철

차례

01_ 말의 언덕   11

02_ 몸의 언덕   81

03_ 영혼의 언덕   147

04_ 사랑의 언덕   221

나의 기도

하늘로부터 받은 나의 양심이여
그 이름 내 안에서 거룩히 빛나소서

화냄이 없는 긍정으로
날마다 즐겁게 보내게 하소서

오늘도 내가 수고한 만큼 살게 하고
그 외의 탐욕을 갖지 않게 하소서

거짓된 말을 하지 않고 진실에 입각한 나의 판단이
언제나 선의에 이르게 하소서

나의 기도가 원하는 곳에 이르지 못하여도
절망에 빠지지 않게 하소서

01

말의 언덕

백일묵상

1~130

1

태초에 말씀이 있었고 말씀은 하느님과 함께 계셨다.
_요한복음
태초에 행위가 있었고 행위는 악마와 함께 있었다.
_파우스트

태초에 말씀과 행위의 의지가 있었으며 이것은 하느님과 악마의 욕망과 함께하였다. 언어와 행위의 의지는 삶의 불안한 의식에 집착하여 진리를 벗어나 헤맨다. 하느님과 악마의 욕망은 항상 여기에 함께 있으며 또한 모든 곳에 있다.

2

인류의 먼 조상의 아버지는 빛을 기다리는 영혼이었다. 그리고 영원에서 다가온 빛으로 아들이 되었고 아들은 아들로 이어져 먼 미래의 조상이 되고 먼 미래는 다시 새로운 이웃하는 빛을 기다리게 되었다. 어둠은 빛보다 항상 먼저 와 있었고 선악은 처음부터 초대받지 못하였다. 긴 시간이 흐르며 한 생명씩 태어난다. 이따금 짐승과 바람 소리가 밀려들어왔다.
어떤 깨어난 누군가는 고요한 벽 앞에서 계시의 음성을 듣는다. 음성이 시야에 들어오면서 비로소 그의 욕망을 갖는다. 죽은 자의 욕망은 산 자의 것보다 무겁다. 그리하여 산 자는 오랜 방황 후에 다시 자연으로 돌아간다.

3

계룡산 주위로 작은 터들이 있다. 깨우쳐 보겠다는 사람들이 종종 모이는 곳이며 그러기에 또한 언제나 허망함도 같이 머무는 곳이다.

세상은 보이는 것이 다가 아니기에 사람들은 항상 그 무언가를 찾아 헤맨다. 그들에게는 우리가 아는 것, 추구하는 것, 형이상학과 과학 그리고 철학과 신학 등등은 모두가 레고놀이처럼 지루하기만 하다. 그러기에 깨달음을 구하러 가고 가끔은 사치스럽기까지 하다.

그들의 혼령은 몸에서 빨려 나가 유전(流轉)의 수레에 박히어 사자처럼 울부짖고 갑작스런 전쟁을 맞이한 장수처럼 떤다. 깨달음의 느낌에 불안하게 집착한다. 그러나 과도한 인내는 무위도식만 못하다. 가끔씩 들러 묵은 터에 앉아 있노라면 앞선 영혼들의 아우성이 솜털에 머문다. 너무나 가벼운 생의 메아리들이다.

4

마음의 상실은 죽음이 보내는 미소, 그 유혹을 즐기지 말 것. 여름 한철 깨달음의 고립 속에서 상실의 젖을 빨고 있을 때 큰비가 내리고 아랫동네 여러 곳도 쓸려 내려갔다. 나의 상실은 그저 유희였다는 것을 이후에 알았으며 모든 것이 아름답지 못했다.

유혹에 무너진 육체는 무겁고 축축하다. 비오는 중에도 그 무엇을 찾아 헤맸다. 여러 날을 굶어 빈약해진 몸이 된 이후에야 비로소 남은 꿈마저 버렸다.

자유는 고독 이후에 오는 인연이다. 고독은 구속이 아닌 전개다. 자신의 내면으로 펼쳐지는 무한의 방임이다. 내면에는 수많은 독사와도 같은 감정들이 서로 엉키어 있다. 고독은 그 공간을 유영한다. 고독이 모든 감정에 무심해진 뒤에야 고요해졌다. 고독은 이후로도 한동안의 욕망이었다가 술에 취하여 사라졌다.

5

말을 쓰는 자는 상대의 심장을 겨누지 말아야 한다. 두려움과 불안이 얽힌 날카로운 말을 쓰다가 자신의 슬픔을 다치게 할 수 있다. 이따금 나의 말은 어떤 인연으로 나에게서 나오는가를 생각해본다. 교육은 나에게 죄책감과 나약함과 양심의 가책을 느끼게 한다. 처음 인간에게 말이 들어올 때는 교육은 간여하지 않았다. 교육은 언어에 심어 놓은 멍에다. 밝음은 교육이 만드는 것이 아니다.

처음 생겨날 때의 말은 그저 숲과 대지와 공기의 언어일 뿐이었다. 말이 교육을 만남으로써 또 다른 불행의 인연이 시작되고 교양이라는 채찍에 길들여진다. 말은 어머니의 젖과 같아야 아름답다.

6

지금 현재 내가 생각하는 것은 그 자체로 과거이다. 따라서 생각은 현재에 없는 것이며 스스로 현 존재는 무념(無念)이다.

7

살면서 몇 번의 계시를 받았던 것 같다. 계시를 받는 시공간에 매우 강한 에너지와 함께하였다. 스스로 위험하다고 생각하였다. 인과를 벗어난 곳에 신이 존재한다면 인간은 영원히 신을 만날 일이 없을지도 모른다. 그러나 인연 속에 있다면 생각이 아닌 몸이 알 수 있다. 신이 상상이 아닌 자연의 영혼이라면 가능하다.

8

얼마 전 지인이 아들을 낳았다고 이름을 지어달라고 하였다. 만일 이 아이에게 이름을 지어주지 않고 그대로 둔다면 사회라는 울타리 안에서 어떻게 살아갈까 생각해본다. 이름이 하나의 몸에 붙여진다는 것은 인간사회라는 관계에 묶여지는 것이다. 이름은 행위의 가죽이다. 이름은 삶의 시작이며 죽음의 비석이다.

9

나의 학문은 항상 신을 향해 있다. 그러나 학문으로는 신을 절대 알 수 없다는 것도 학문을 통해 알 수 있었다.

10

어둠은 원과 같기에 시작과 끝이 없다. 그리고 안과 밖도 없다. 어둠은 순수하다. 어둠의 의지는 빛을 낳고 정신을 낳고 생명을 낳고 그리고 또한 새로운 어둠을 낳는다. 어둠은 나를 잉태했고 어머니의 자궁 안에서 길렀다. 처음 태어날 때 주변에는 가죽나무, 옹달샘, 철길 소리, 늙은 토끼, 검은 달, 안개, 아버지의 한숨이 함께 있었다.

11

사람의 장기인 간장, 심장, 비장, 폐장, 신장은 인간의 외부로 전달하고 싶은 것들을 모아서 입과 눈과 몸을 통하여 표현한다. 표현으로 나오는 모든 것은 욕망으로 언어이며 말이다. 뇌는 기존의 사회적 언어로 습득된 지식을 토대로 온갖 정보를 저장해두는 창고일 뿐이다. 모든 것은 몸의 의지로 정신과 영혼이 활용하는 것이다.

12

이미 지나간 일을 고민하는 사람은 현재에 없는 사람이다.

13

한 생애의 어느 부분은 사막과도 같다. 영혼과 정신이 앞으로 나아가지 못하고 물도 흐르지 않으며 오로지 뜨거운 태양만을 마주한 곳이다. 이 강열함으로 인하여 자신 안의 모든 욕망과 두려움과 불안이 말라 죽어버린다. 만일 여기에서 새로운 자아(自我)가 생기게 된다면 이런 변화를 '성숙'이라고 말한다.

14

어릴 적에는 주로 공동묘지에서 전쟁놀이를 하며 지냈다. 주위의 묘지는 나의 신하들이었고 전진의 나팔소리는 언제나 언덕 아래의 늙은 소가 도맡아 했다.

어느 겨울 찬바람 속에서 큰 전쟁을 치르고 무심히 뒤쪽 호수 가운데를 걷다가 얇은 얼음이 깨지고 나는 물속으로 가라앉았다. 어떤 도움이었는지 주위 얼음이 깨지며 떠오른 나는 다른 얼음에 의지하여 밖으로 나왔고 몸은 곧이어 얼음이 되었다.

주위에 있던 사람들이 묘지에 불을 질러 죽은 자들의 열로 얼은 내 몸을 녹여주었다. 묘지 아래의 사자(死者)들은 열기를 타고 올라와 내 몸이 되고 피가 되고 숨이 되었다. 이후로 나는 죽은 자의 영혼을 사랑하게 되었다.

15

공자는 나이 칠십이 돼서야 마음이 욕망을 따라 하여도 법칙에 어긋나지 않았다 하였으며, 맹자 또한 하늘을 우러러 부끄럼이 없는 것을 즐거움으로 삼았고, 예수도 "나는 성령의 뜻대로 말하고 행동힌다." 하였다. 싱인(聖人)들의 날이다.

언제부턴가 나는 새로운 것을 마주할 때마다 구토를 하고 이런저런 걱정으로 불안해한다. 사사로운 마음이 없고 생각에 머무름 없이 산다는 것이 얼마나 힘든 일인가. 이럴 때는 묵상하며 영혼을 어머니의 자궁 속에 있던 모습으로 전환하는 것이 중요하다고 생각한다.

모든 빛이 고요한 어둠에 가라앉아 고요조차도 숨죽이며 경배하는 곳으로 나를 이끌어 본 자리를 찾아야 한다. 실존은 균형 잡기가 힘들고 불안 그 자체다.

16

삶은 욕망이며 방향이 없는 의지이며 맹목적이다.

17

꿈은 한 개인이 태어나기 이전의 세상에 있던 기록과 태어난 이후의 모든 의식에 있던 기억의 충돌이다. 충돌된 파편들이 꿈의 현상이다.

18

모든 일에 있어서 막힘이 없고 불안과 두려움이 없다면 그는 자유다. 자신의 운명과 생각과 행위에 있어서 자유로우면 그는 자유이다. 그러니 자유는 무덤의 비석에나 어울릴 글자가 아닌가 싶다.

바울의 계승자인 아우구스티누스 같은 사람은 원죄와 그리스도를 통한 하느님의 인간에 대한 죄의 사함을 통해 자유 의지를 주었다고 하였으며, 법의 통치자들은 죄와 벌을 개인에게 두어야 하므로 개인에게 자유 의지가 있다고 하였다.

그러나 자신의 운명을 돌이켜보면 태어남부터 시작하여 삶의 모든 것 가운데 자유 의지로 행해진 것이 얼마나 있겠는가? 생물학적으로도 인간은 생체의 기계적 법칙에 지배를 받는다.

현재 자신의 생각과 행위는 모두 생체 승강 리듬의 흐름에서 나온다. 내 마음조차도 지금 내 마음이라고 할 수 없다. 수만 가지의 마음 중에 대체 어떤 것을 내 마음이라고 할 수 있단 말인가?

19

"너희가 바라는 대로 남에게 해주어라."와 "네가 하고 싶지 않은 것은 남에게 시키지 마라."는 언뜻 같아 보이지만 다르다. 앞의 것은 밖을 향하는 것이고 뒤에 것은 안으로 향하는 것이다. 앞은 사랑이고 뒤는 예의이다.

20

니체는 영혼이 마르기 얼마 전에 쓴 글에서 자신의 전생이 카이사르라고 하였다. 지구 밖으로 나가지 못한 위대한 영혼의 윤회가 자신에게 돌아온 것이라고 믿었다.
비트겐슈타인은 "자신의 언어의 한계가 자신의 세계의 한계다."라고 하였다. 지구 최고의 지성을 자랑하는 니체도 이렇게 말할 정도이니 인간의 지적 세계란 상상과 경험의 일이다. 철학과 형이상학적 생각과 과학이라는 것을 참고하여도 인간의 지성은 한계가 있다. 왜냐하면 최초의 인간부터 지금까지의 인간은 지구 주변을 결코 벗어나지 못했기 때문이다. 이것이 인간의 한계고 인간의 세계다.

지구 그 너머 태양계의 밖은 다만 망상(妄想)이거나 의지가 소망하는 곳이다. 생각이 빛보다 빠르다고 생각하는 것 자체도 망상이다.

21

완성된 글로서의 소설은 산과 같고 시는 샘물 같다. 언어라는 자연의 창조물을 갖고서 글짓기라는 행위가 들어가면 악마의 유혹이 따른다.

욕망은 오랜 세월의 경험을 거쳐서 나온 것이 좋다. 조각가가 돌에서 추구하는 조각상을 그려내듯이 자신의 경험에서 관조한 글을 내놓는 작가는 스스로이 정신을 즐긴다.

22

어느 날 우연의 시공 속에서 가섭과 증점과 디오게네스가 만났다. 이들은 그들이 잘 알고 있었던 용기 있는 젊은이들에 대하여 말하고 있었다.

가섭은 아난이 똑똑하고 잘나긴 하였지만 깨달음이 없다고 투덜거렸으며, 증점은 안회가 똑똑하고 잘나긴 하였지만 즐거움을 모른다고 투덜거렸으며, 디오게네스는 알렉산더가 똑똑하고 잘나긴 하였지만 행복이 뭔지를 모른다고 투덜거렸다.

이들은 잠시 무언가에 대하여 더 말을 하다가 각자의 시간 속으로 사라졌다. 그러고 보니 예나 지금이나 나이든 학자들은 젊은이들의 욕망과 능력을 무시하거나 가볍게 보는 경향이 있다. 이는 세월이 주는 무게에 억눌린 지성의 오만에서 비롯된 게 아닌가 싶다.

23

삼십대에 지상의 한 변지에서 몇 년간 활동했던 예수가 이토록 위대한 신앙이 될 줄은 아무도 몰랐을 것이다. 여기에는 인정하지 않을 수 없는 한 사람의 믿음이 있었다. 바울은 한 인간을 지상 최고의 신앙으로 만들기 위해 본인의 양심을 하느님의 심장에 투사하였다.

24

소인배와 대인배의 차이는 불만족에 대한 표현의 차이이다.

25

머리가 떨어져 나간 불상도 불상이라고 부른다. 반대로 몸뚱이가 떨어져 나가고 머리만 있는 불상도 불상이라고 부른다. 두 개가 같이 있으면 조화롭고, 분리되어 있으면 호기심을 부른다. 없음을 있음으로 끌어내는 것은 그 없음의 공간이다.

26

건강을 자신하던 사람이 암에 걸렸다. 사람들은 그를 조롱한다. 이는 말을 조롱히는 것이지 긴킹과 암을 조롱하는 것은 아니다. 말은 그 사람이다. 그리고 부조리하다. 건강은 자랑하거나 자신할 것이 못된다.

27

흔히 말하는 신의 뜻이라는 것에 대하여 우리는 알기가 어렵다. 신의 뜻이란 그 자체가 스스로일 수 있으므로 원인을 모르기 쉽다. 그러기에 더욱 알 수 없는 일이 된다. 사람은 스스로의 양심으로 사는 것이 최선이라고 생각한다. 순결한 양심은 내가 가정하는 신의 영혼이다.

28

술이나 담배, 탄산음료를 즐기면서 백세 이상 살고 있는 노인들이 가끔 TV에 나와서 "나에게 이런 것들이 해롭다면서 당장 그만두라고 충고하던 의사들은 모두 죽었어."라고 웃으며 말한다. 건강하게 적절히 살 때는 인내와 절제가 필요하지만 아주 더 오래 사는 사람은 악마의 망각과 천운이 따라야 하는 것을 의사들은 잘 모른다.

29

술을 즐겨 마시는 자와 마심을 당하는 자로 구분한다면, 전자는 애주가라 하고 후자는 중독자라고 불러야 할 것이다. 애주가는 자아가 술을 부리지만 중독자는 술이 자아를 부린다.

30

사회를 살아가며 하지 말아야 할 세 가지는, 스스로 확신하는 것과 자신을 하찮게 여기는 것과 남을 학대하는 것이다. 그리고 사람이 살아가는 데 꼭 따르는 세 가지는 불안과 병과 변덕이다. 이것은 꼭 나쁜 것이 아니라 그냥 함께하는 것들이다.

31

규칙적인 식사가 꼭 삶에 좋은 것만은 아니다. 스스로에게 무엇인가를 지키기를 강요하는 순간 기계적인 움직임과 노예의 습성을 강요받게 된다. 이러면 자아는 일정한 형태의 구속 상태로 살게 된다.

자아가 진정 원하는 것은 자유이고 그냥 버려둠이다. 그러나 가끔은 몸에도 노예의 사슬이 필요할 때가 있으니 그것은 영혼이 방종(放縱)에 도취되었을 때이다.

32

나는 하루의 3분의 1은 일을 한다. 일하는 시간에는 영혼도 문턱을 넘어 밖으로 나가지 못한다. 가끔은 피로한 영혼만이라도 창밖으로 나가 쉬게 한다. 그리고 이런 시간들로 인하여 나머지 시간에 게으를 자유를 얻는다. 일이 있는 공간에는 무료함도 양식이다.

33

젊어서부터 교외에 땅을 갖고 자그마한 집을 짓고 제자들과 학문을 소통하며 자연과 더불어 살아간다면 이보다 더 행복할 수 없고 그대로 시간이 멈춰도 좋을 것이라 생각하며 살았다. 그러나 이런 시간은 좀처럼 다가오지 않고 앞으로도 있을까 싶다. 파우스트 박사가 목숨을 담보로 악마와 약속한 것도 이와 같은 장면이다. 그는 모든 것을 맛보았으니 그나마 다행이라 하겠다. 학문을 즐기는 자의 욕망은 돈도 권력도 환락도 아니며 진리에 대한 끝없는 사랑이다.

34

한 방향으로 더없는 뛰어남을 발휘할 때 필요한 것은 오직 정성(精誠) 하나일 뿐이다.

35

천천히 산길을 서닐면 나무들이 말하는 소리를 들을 수 있다. 그것은 자신들의 이야기이다. 또한 이전부터 그 자리에 전해 오던 일들이다. 큰 나무는 자신의 몸을 감싸고 올라오는 작은 줄기들을 통하여 다른 너머의 이야기를 건네받기도 한다.

나무가 하는 이야기를 잘 알아들으려면 가끔은 귀를 나무 가까이에 바짝 대고 숨소리를 낮추어야 한다. 그러면 나무의 정령은 나에게 마음을 안기며 말한다. 주로 대지를 통하여 얻은 죽은 자들의 과거 행적이며 산 자의 비밀스러운 소망에 관한 얘기들이다.

나무에게 어떻게 그런 것들을 들을 수 있으며 그리도 소상하게 잘 알고 있냐고 물어보면 이렇게 대답한다. "당신도 지금 내 이야기를 듣고 있지 않나요? 나도 그렇게 그들의 이야기를 들었지요."라고 말할 뿐이다.

36

인간의 내면에는 어떠한 것도 결정된 것은 없다. 본성은 착한 것도, 악한 것도, 그렇다고 백지상태도 아니다. 인간의 내면은 그대로 진행되는 시간이고 망상이며, 다만 정신이 우연을 만나는 공간이다.

37

종교는 각자의 모양이 있다. 모두를 하나로 섞으면 앞이 보이지 않는 어둠 속에 쌓은 탑과도 같다. 인간에게는 본래 자유의지란 없다. 자연에서 태어나 자연으로 돌아가기까지 순간순간의 인연에 휩쓸려 살아간다. 이런 와중에 인간의 불안과 두려움 곁에 있는 것이 종교이다. 인간은 거기에서 위로를 받거나 구속당한다. 의식 주변에 머물고 있는 불안에 종교가 관여한다. 종교는 색과 온도가 비슷한 영혼이 머무는 집이다.

38

선행이든 악행이든 행위를 하면서 의식을 하는 순간 허영이 들어간다. 그런 허영을 갖춘 선악은 오만해지는 법이다.

39

신에게 자신의 전부를 진정으로 바친 사람은 결혼하지 말아야 한다. 왜냐하면 그들은 신에게 정신과 의지를 모두 할애했기에 인간인 상대에 대한 헌신이나 사랑은 그만큼 없기 때문이다. 만일 그렇지 않다면 신을 진정으로 사랑한 것이 아니다. 종교 수행자들이 가끔 인간과 육체적 사랑에 빠지는 경우가 있다. 그것은 너무 많은 사랑을 받아 지친 신이 다른 세계로 출장을 가버린 시간에 일어나는 일이다. 이때 그들은 숭배의 대상이 사라진 혼란 속에서 누군가를 사랑하게 된다. 모두가 신의 부재 기간에 일어나는 일이다.

40
—

행복은 한자리에 머무르려 하고 아름다움은 영원을 추구한다. 그러기에 둘이 만날 일은 별로 없다. 따라서 두 개를 모두 가지려는 욕심은 버려야 한다.

41
—

눈을 한자로 목(目)이라 하는데, 관상을 볼 때 핵심이 된다.

관상의 '상'을 한자로 상(相)이라 하는데, 풀어보면 나무(木)의 눈(目)이다. 즉 나무의 눈을 관찰한다는 뜻이다. 나무에 움트는 눈을 보면 이 나무가 잘 살 건지 죽을 건지를 알 수 있다. 사람도 눈을 보며 그의 과거와 미래를 가늠한다. 눈에는 정신과 영혼이 머문다. 눈은 욕망의 창이다. 눈을 관찰하는 것이 사람을 아는 시작이자 끝이다.

42
—

돌 사이에 난초가 무성한 언덕 아래로 시퍼런 강물이 흘렀다. 이 강에서 고등학교 시절 선배와 후배가 3년 동안 매년 한 명씩 빠져 죽었을 때가 있었다. 모두 대용 권에서 십친배를 마시고 힘없는 다리로 강에 들어가 물에 휩쓸린 것이었다. 그들의 삶은 그렇게 허무하게 부서지고 가볍게 사라졌다.

그때 생각했다. 우리는 무엇을 위하여 수행을 하며 기도를 하는 것인가? 그리고 이 염원과 기도는 누가 받는 것이며, 그 답이 고작 이것이란 말인가? 진짜 예수와 부처가 아닌 그들을 닮은 형상 앞에서 기도하는 사람들은 무엇을 바라며 그러는 것일까?

그리고 또 생각했다. 인간에게 예배나 기도는 한낱 잠재적 경향이거나 습관일 것이라고. 그것이 늘 그렇게 해왔고, 또한 스스로의 생각 속에서 복을 줄 것이라고 여기며 자신에게 유리한 쪽으로 해석한다고. '복이 오면 기도해서 그런 것이고 복이 오지 않으면 거기에는 무슨 다른 뜻이 있겠지.' 하는 식이다. 그리고 이런 모든 것은 그렇게 인간 속에서 전염되는 것이라 생각했다.

그러나 한참의 시간이 흐르고 난 뒤에 기도하고 있는 나를 보며 다시 생각한다. 기도나 수행은 대상에게서 복을 구하는 것이 아니다. 자신을 비우고 자연과 하나가 되어가는 행위이다. 죽음조차도 편안히 감싸며 가는 길 위에 서 있을 자신을 만나는 일이다.

그 선후배들의 죽음이 삼천배나 기도에 문제가 있었던 것이 아니다. 다만 힘없는 다리로 물에 들어간 행위에 조심성이 없었던 것이다. 유명한 수도사였던 토마스 머튼은 고난의 수행을 하며 하느님께 그렇게 열성으로 기도를 했건만 잠깐의 방심으로 감전사를 하였다. 그의 죽음에 하느님이 과연 관여했단 말인가? 그렇지 않다. 그는 다만 세밀한 부분에 주의하지 못했을 뿐이다.

증자는 일찍이 "사람은 모든 것을 대함에 있어서 항상 마음자

세가 전전긍긍하여야 한다."고 했다. 매사에 조심하고 또 조심해도 결코 나쁘지 않다는 뜻이다. 수행과 기도도 좋지만 삶에는 언행이나 행동에 부주의하여 불행을 초래하는 경우가 많으니 주의와 조심이 매우 필요하다.

43

호주라는 나라에 "선생님은 파우스트와 많이 닮았어요."라고 말하던 제자가 있는데, 어느 날 내게 단 한 줄로 이런 편지를 보냈다.
"곧장 이곳을 떠나는 겁니다. ─From 메피스토펠레스"
악마와의 타협일지라도 인간에게는 삶의 대전환이 필요한 시기가 한번 있다.

44

이 세상에서 가장 무서운 말 중에 하나가 "지금 네가 하는 것들을 하늘이 보고 있다."고 하는 것이다. 사람들은 왜 그렇게 말하며 또 하늘은 왜 모든 사람을 관찰하는 것일까? 사람이 생기기 이전부터 하늘은 대지에 숨을 주고 있었다. 사람의 형상이 있은 이후에는 각자에 맞는 색을 보냈으니 스스로 보았다. 그러기에 인간이 하는 모든 일은 하늘에 닿아 있다. 하늘은 저 먼 공간이 아니라 우리의 발아래 땅 위부터를 모두 하늘이라 하는 것이다. 우리의 몸과 정신이 모두 하늘에 속해 있다.

45
—

사람을 가르치기 위해 쓴 글보다 아름다움에 대한 인간적 기쁨과 비탄을 노래한 것이 맛이 더 좋다.

46
—

천재는 타고나는 것이나 간혹 만들어지는 경우도 있다. 그렇게 그를 천재로 만드는 것은 상상하는 것에 대한 성실성이다.

47

의학은 생명을 사랑하는 데서 아름다움이 나온다. 그러나 몇몇 의사들은 생명과 가까이하기를 두려워한다. 의학은 질병을 깊이 이해하는 데에서 덕이 나온다. 그러나 몇몇 의사들은 모두 안다는 듯 행동하기만 한다.

48

맹세는 하지 않는 것이 좋다. 인간은 자신의 미래를 예측할 수 없기에 맹세는 맞지 않는 옷을 입은 것과 같다.

49

죽음은 착한 사람이건 악한 사람이건 아니면 힘이 세든지 약하든지 간에 나누지 않고 무작위하다. 만약 어느 특정한 쪽으로 치우침이 있다면 아마도 사람들은 쓸데없이 어떤 불가사의한 힘에 더 의지했을지도 모를 일이다.

50

죽음은 특정인의 호사거리이다. 어린아이에게는 외면 받고 젊은이는 관심이 없고 노인에게는 담담한 것이 몇몇 사람들의 입을 통해서는 활기를 찾는다.

나약한 영혼의 소유자는 죽음을 두려워한다. 보통 사람에게는 타인의 일일 뿐이다. 그리고 설령 죽음이 온다 해도 영혼은 먼저 몸을 떠나 사라진다. 자신의 몸을 돌볼 여유조차 없다. 이것이 죽음이다. 그러나 의사나 종교인을 통해 갑작스럽게 죽음의 말을 들으면 사람들은 순간 심한 두려움을 느낀다. 정신이 무너지면 죽음이 가깝다.

51

대지의 정기는 인간생명의 뿌리가 된다. 대지의 정령은 스스로 이루어가는 모든 것 속에 앞으로 태어날 만물의 영혼이 섞이어 있는 상태이다.

52

사람이 생각을 따라가면 갈수록 더욱 혼란스럽고 결론도 없고 탁하고 어두워져 결국에는 한계에 다다르는 경우가 있다. 나갈 길이 없다. 생각이 막힌 그곳은 앞이 없는 캄캄한 벽이다. 이곳이 바로 생각의 처음 자리이다.

53

모든 깨달음의 핵심은 자연의 스스로 그러한 이치를 제대로 보는 것이다. 비가 내리고 땅에 흡수되어 위로 증발하고 끊임없이 순환하는, 오르고 내림의 현상 속에서 정지상태란 없다. 눈으로 보았을 때 느끼는 정지상태란 것도 실제로 그 내면에서는 무한히 활동하는 의지가 있다.

사람의 몸과 마음도 스스로 오르고 내리며 정상 안에서 평형을 유지한다. 몸에 승강이 잘 안되거나 과도한 생각과 고민으로 울체가 되면 병이 된다. 병이란 다른 특별한 것이 아니라 정상에서 어긋난 것을 말한다.

따라서 불가에서 "한 생각에도 머물지 마라." "생각을 없게 하라."고 하는 것들은 모두 인위적인 생각에 붙들려 망상으로 가는 것을 경계한 가르침이다. 넓은 의미로 보면 인간의 생각은 모두 망상이기 때문이다.

54

오매불망(寤寐不忘)이란 말이 있다. 자나 깨나 잊지 않는다는 뜻이다. 얼마나 생각이 깊었으면 잠도 자지 않고 잊지를 못하겠는가마는 이는 몇 날에만 국한되어야 하는 것이다. 오래 가면 병이 된다.

소위 깨달은 사람들 중에는 "자면서도 깨어 있어서 정신이 대낮과 같아야 한다. 그래야 진정 깨달은 것이다."라고 말하는 이들이 있다.

그런데 그리해서 변할 것이 무언가를 생각해보자. 잠에서도 깨어 있으며 하는 일이 무엇인가. 그냥 앉아서 명료하게 자신에 머물며 시간을 보내는 것이 아닌가. 차라리 푹 자고 깨어서 열심히 사는 것이 낫다. 괜히 자는 시간에 깨어 있는 것을 목표로 하여 열심히 깨어 있어 봐야 몸과 영혼에 도움이 되는 것은 없다.

잠은 깨어 있을 때 정신이 과도하게 과열된 것을 식히며 안정시킨다. 깨어 있음은 영혼이 욕망하는 것이요, 잠자는 것은 영혼이 편안히 쉬는 것이다. 이것은 밤과 낮으로 오르고 내리며 승강하는 것으로 자연의 이치이다. 깨닫는다며 억지로 깨어 있는 것은 자연을 거스르는 행위이다.

도(道)란 먼 곳에 있는 것이 아니라 평소에 늘 변함없는 마음으로 생활하는 데 있다. 이외에 다른 곳에서 도를 구하는 것은 나무 위에 올라가서 물고기를 찾는 것과 같다.

파우스트 박사가 악마에게 새로운 생명을 부탁하여 얻은 삶이란 죽을 때까지 열심히 사는 것이었다. 죽을 때까지 열심히 사는 것, 이것이 사람의 길이다.

55

평범한 사람에게 '너는 죄인이다. 너는 죄인이다.'라는 생각을 계속 주입시키면 스스로 죄인이 된 것처럼 생각하고 그렇게 행동하는 것을 볼 수 있다. 이것을 세뇌라고 한다. 태어나면서부터 죄인이라면 태어나지 않았어야 하는데, 이는 내가 관여할 일이 아니지 않은가. 태어남은 자연스러운 것이며 우연인 것인데, 태어나면서부터 죄인이라며 회개를 요구하는 것은 억지다.

그럼에도 불구하고 스스로 죄인으로 인정하며 구속되는 것도 아이러니하니 이것은 그 지성의 한계이다. 인간은 욕망으로 이루어진 생명체이며, 욕망은 죄가 아니고 의지이며 삶이다.

56

완벽한 원(○)은 상상의 이데아이다. 어떠한 원도 완벽할 수는 없다. 원의 안과 밖이 있다는 것도 종이 위에다 그린 원을 보던 생각이 상상하는 것이고, 원래 원은 안과 밖이 없다. 그러나 보통 약속으로 동그란 선 안쪽을 안이라고 하고, 그 바깥쪽을 밖이라고 한다.

57

귀신은 사람을 떠나 멀어진 영혼을 말한다. 영혼은 숨이 있는 욕망이다. 귀신은 의지처가 없이 떠도는 것이 희미한 구름과 같다. 그러다 에너지인 숨이 소멸되면 자연에 저절로 흡수된다.

58

사람이 헤어질 때는 몸보다 마음이 먼저 떠난다. 마음은 본래부터 갖고 있는 사람의 성질과 감정을 다스린다. 마음이 떠났으니 감정도 없다. "인정머리 없게"라는 말도 이럴 때 쓴다.

59

술을 어느 정도 먹으면 자신의 말이나 행동을 다음 날 기억하지 못하는 사람이 있다. 자신이 한 말과 행동을 다른 사람은 아는데 자신이 모른다면, 이는 매우 두렵고 수치스러운 일이다. 이런 사람이라면 자신이 기억하시 못할 때를 대비하여 술자리에서 말하지 않고 조용히 앉아 있는 습관을 들여야 한다. 깊은 침묵에 잠겨 있는 영혼이 모르는 기억보다 안전하다.

60

살아 있다는 것은 무엇일까? 그것은 아마도 지금 무언가를 욕망한다는 뜻일 것이다. 아무런 욕망도 없어 보이는 고요한 상태의 수도자라 하여도 그것이 바로 그의 욕망이다.

61

꿈에서 미래의 일들이 보이는 경우가 있다. 보통 꿈은 얕은 수면에서 나타나는 현상이다. 그러나 미래를 예시하거나 암시하는 꿈들은 얕은 수면이 아닌 깊은 수면에서 일어난다. 이는 의식의 가장 밑바닥에 오랜 시간 머물러 있거나 정화된 영혼의 순수한 상태이다.

좋은 꿈은 현재의 좋은 상태에서 내가 원하고 바라는 것이며, 나쁜 꿈은 지난 시간의 잘못된 의식이나 생활의 파편이다. 다만 예시가 시공을 초월한 영원에서 온 것이라면 순간의 시공 너머의 상황에 선 사람과 접목할 수는 있다. 현재의 의식에서도 극히 고요한 상태라면 꿈에서와 같은 일이 일어날 수 있다. 강하고 예민한 기운의 소유자는 미래의 사건에 대하여 영적으로 감지할 수 있다.

62

따르는 신도가 많다고 해서 꼭 훌륭한 종교가라고 볼 수는 없다. 부도덕한 종교가들을 보면 쇼맨십으로만 장착되어 영성마저도 희미하다.

어느 곳에 환자를 잘 보는 의사가 있다고 하면 소문만 듣고도 사람들이 몰리는 법이다. 그들의 공통점은 높은 의학적 치유력보다는 사람을 끄는 쇼맨십이다. 사람들은 높은 지혜보다도 손에 닿는 관심이나 익살을 더 좋아한다. 그것이 사람들을 끌어들인다.

의사와 종교인에게는 양심과 도덕과 자비로운 마음이 특별히 더 갖추어져 있어야 한다. 왜냐하면 아픈 사람들이 많이 의지하는 분야이기 때문이다. 사람은 언제나 수단이 아닌 목적으로 대하여야 한다.

63
—

진실로 뛰어난 사람이 되어갈수록 말은 적어진다.

64
—

음악가보다 화가가 오래 살 확률이 높다. 빛은 소리보다 덜 자극적이다.

65
—

사람은 무엇이든 간에 상대의 일부분, 즉 특징적인 것만을 기억하려는 습성이 있다. 따라서 상대가 책이든 사람이든 예술이든 반드시 두 번 이상은 봐야 전체의 대부분을 기억할 수 있다.

66
—

꿈속의 내용에 영향을 주는 것은 보고 상상한 것과 평소에 먹은 음식이다.

67

삶이 뜻에 맞지 않고 힘들더라도 매 순간마다 아름답다고 느끼면서 살아야 한다. 그렇게 해야 하는 이유는 자기 인생이란 세상에 하나뿐인 자신의 가치이기 때문이다. 자신의 인생을 싫다고 하찮게 여기며 쉽게 버리는 사람은 그 어떤 것에도 욕망과 의지가 없는 사람이다. 만일 어떤 이유로 인하여 스스로 생을 버리는 것은 참으로 슬픈 일이다.

68
—

과음은 술이 생명을 마시는 것이다. 마치 큰 뱀이 무언가를 온몸으로 끌어안고 숨통을 조이며 뜨겁게 죽음에 이르게 하는 것과 같다.

69

무엇을 영웅이라 하는가? 영웅에게는 세 가지의 요건이 있으니, 그 첫째는 뜨거운 삶으로 죽음을 두려워하지 않는 것이고, 둘째는 타고난 명랑함으로 어느 것에도 구애받지 않으며, 셋째는 그 자체로 아름다움인 사람이다.

70

사람이 양심에 거리낌이 없으면 두려워할 것이 없다. 그럼에도 불구하고 두려운 것이 있다면 힘이 부족한 것이다.

71

공부하는 사람이 제일 첫째로 소중히 여겨야 할 것은 자기의 말이다. 자기가 한 말을 지키는 것이 공부의 가장 중요함이다. 나머지는 모두 이것 다음이다.

72

훌륭한 통치자 곁에는 항상 뛰어난 스승이나 책사가 있다. 그러나 훌륭하지 못한 통치자라도 곁에 뛰어난 모사는 많이 있다. 통치자가 그들의 의견을 어떻게 받아들이고 행할 수 있는가의 여부에 따라 결과는 하늘과 땅 차이로 벌어지는 경우가 많다. 통치자는 아랫사람이 훌륭해 보여도 한순간 두려움과 혐오의 대상으로 변할 수 있으니 통치자를 보필하는 사람은 그의 변덕에 항상 주의할 필요가 있다. 이것을 잘 조율하는 것이 정치다.

73

숨을 내쉬는 것은 하늘과 땅으로 탁한 기운을 내보내는 것이고, 숨을 들이마시는 것은 반대로 밖의 새 기운을 정신으로 이끄는 것이다. 호흡은 개체의 밖과 안의 고리를 잇는 것으로 삶의 머리이다.

74

순진하고 착한 사람을 억압하고 이용하는 사람들이 있다. 그러나 이런 부류가 없다면 사회는 형성되지 않는다. 사회라는 것은 스스로 가려는 의지가 있으며, 그 방향으로 혼합된 인간들과 같이 가는 것이다.

억압하는 자는 탐욕으로 인해 그런 것이 많으며, 당하는 사람은 순수하고 무지해서 그런 경우가 많으니 둘 다 좋지 않다. 섞여서 안 될 이 두 부류를 잇는 끈이 바로 동정이다. 모르는 사람의 동정은 결국 순진한 사람이 손해를 보는 것으로 귀결되는 경우가 많다.

75

여자는 남자의 희망이다. 희망은 무엇을 바라고 기대하는 것이다. 그러면 남자는 대체 여자에게 무엇을 바라는 것인가? 그것은 바로 모성(母性)이다. 남자의 의지에 없는 모성은 남성이 여성에게 기댈 수 있는 안식처이다. 모성이 결여된 여자는 조화(造花)나 다름없다.

76

불가에서는 사람이 죽은 뒤 윤회를 한다고 한다. 사람이 죽은 뒤에 그 영혼의 습성은 대기에 합류하여 그에 맞는 곳으로 흘러간다. 예로, 어둡고 음습한 곳에서 책만 보던 사람은 습하고 어두운 곳을 좋아하는 귀뚜라미 같은 것으로 태어나고, 높은 곳에서 떨어져 죽은 사람은 벌과 나비로 변화하여 태어난다. 알 수 없는 세계의 이야기이므로 불가사의하다고 말한다.

77

바람 속에는 계절의 냄새가 있다. 봄의 싱그러운 냄새, 여름의 찌는 냄새, 가을의 쓸쓸한 냄새, 겨울의 서늘한 냄새 등과 같은 것이다. 바람은 인간에게 욕망을 선사한다.

78

아침에 일찍 일어나는 사람은 종교와 상업에 맞는 체질이며, 아침에 늦게 일어나는 사람은 예술과 철학에 맞는 체질이다. 체질에 반하여, 일찍 일어나는 체질이 늦게 일어나거나 늦게 일어나는 체질이 일찍 일어나면 몸과 정신이 괴롭다. 몸과 정신이 지치면 일찍 죽는다.

79

진리를 위하여 죽을 수도 있고 사랑을 위하여 죽을 수도 있고 예술을 위하여 죽을 수도 있다. 무엇이 더 고귀하다고는 말할 수 없다.

80

공직자로서 성공하려면 사사로움이 없어야 한다. 정의는 사사로움이 없는 곳에서 생기는 것이다. 그러나 모든 공적인 것에는 온기가 있어야 한다. 온기가 없는 정의는 돌이 뿜어내는 냉기와 같고 칼날의 위세와 같아서 두렵고 멋이 없다.

81

한때 머리를 밀고 쌀 반 가마니를 메고 산을 몇 개 넘어 절에 들어갔다. 출가하여 깨달음을 얻어볼까 하고 엿볼 때였다. 젊은 혈기에 며칠씩 금식을 하여도 몸이 단단하고 잠을 못 자도 피곤하지 않았던 시절이다.

수행을 통한 작은 깨달음은 있었다. 그러나 그 깨달음이라는 것이 결코 오래 지속되지는 않았다. 나의 욕망이 그쪽이 아니었나 보다. 그러니 깨달음을 만났어도 거기에 오래 머무를 수만은 없었다. 그냥 한번 만나고 먼 훗날의 그리움으로 두었다. 깨달음도 하나의 인연이다. 그 후로 인연은 또 있었다. 힘든 시련도 같이 왔다. 인연은 결코 관대하지 않았다.

82

졸리면 자고 배가 고프면 먹고 목이 마르면 마시고 하여도 일을 할 때는 쉬지 않고 열심히 해야 한다. 세상과 더불어 살려면 밥값을 해야 한다.

83

바울의 신앙은 예수이며 그가 본 것은 양심이며 평생 그것에 몰두했다. 세상에의 집착을 버리고 양심에 따른 것이니 "나의 양심은 성령 안에서 증거한다."고 말한 그것으로 증명한다. 중국 명나라 때의 철인인 왕양명도 신성의 내면을 스스로에게서 찾아보고 양심을 중요시하였다. 양심은 도덕과 선과 깨달음의 문이며 빛이다.

84

앞서간 학자들의 현판을 내리는 도장 깨기로는 지성의 저 높은 곳에 이를 수 없다. 그리고 단박에 깨우친다 하여도 이르는 곳은 다른 세계가 아니라 자신 안의 시공간을 보는 것이다. 무한을 깨달아 증명하는 시발점은 양심에서부터 시작한다.

85

깨달음은 위대하다. 그보다 더 위대한 것은 거기에 이르는 여정을 도리에 어긋나지 않게 성실히 보내는 것이다.

86

몸에 있는 수분이 모두 빠지면 영혼은 몸 밖으로 사라진다. 영혼이 인체에 머무는 것은 수분 때문이다. 수분이 있는 모든 곳에는 영혼이 머문다.

87
—

진리의 법칙을 발견하는 사람 중에는 창조설을 주장하는 경우가 있지만, 이들을 통해 배우는 사람들은 대체로 진화론을 주장한다.

88
—

훌륭한 지도자들의 여러 감정 중에 가장 도드라지는 것은 슬픔이다. 슬픔은 패기가 동정으로 바뀌면서 올 때 가장 두드러진다.

89
—

본성이 하늘과 땅을 닮아서 따로 더럽고 어두울 것이 없음을 깨우친다. 자아의 사사로운 정신의 흐름을 좇지 않고 대상에 머물지 않으며 현재의 일어나는 생각에 집착하지 않는다. 그렇게 해서 자연에 합류하는 동질의 일원으로서의 의의가 있음을 안다.

90

사랑이 순수할수록 아름답다. 그러나 인간에게 꼭 순수한 것만을 기대할 수는 없다. 순수한 사랑으로 목숨을 버리는 사람은 고귀하다. 실존하는 인간에게 가장 결여된 것이 사랑이고 가장 넘쳐나는 것은 절망이다. 경서에 나오는 사랑 이야기는 향기로운 기름과 같아서 정신의 맛을 돋우는 좋은 재료이다.

91

시는 마음의 순수함과 오랜 경험이 합류되어 나오면 좋다. 간혹 몇몇 시인을 보면 복잡하게 짓고 꾸미고 화려한 치장으로 난해한 것을 즐긴다. 그러다 보니 시의 본성에서 점점 멀어지고 있다. 뛰어난 시인은 생각에 사악함이 없다.

92
—

몸이 심하게 아픈 사람들의 한 부류는 신을 믿는 쪽으로 가고 또 한 부류는 신을 믿지 않는 쪽으로 간다. 보통 사람들이 갖고 있는 신에 대한 믿음의 개념보다 훨씬 강하게 두 갈래로 갈라지게 된다. 물론 이 일에 신이 관여할 곳은 없다. 신에 대한 인간 성품의 호불호는 다만 인간의 미덕일 뿐이다.

93
—

과학의 과거는 진리 안에서 사물과 의식의 세계를 구명하는 학문이었지만 과학의 미래는 오만과 방종으로 세상을 혼돈 상태로 인도하는 선봉이 될 것이다.

94
—

사람이 어진 것을 좋아하는 것은 만물이 생겨날 때의 생산자인 자연의 모성을 따르기 때문이다. 따라서 삶을 좋아하고 죽음을 싫어하는 것은 바로 어질고 자애로운 곳으로 마음이 흐르기 때문이다. 생명이 지속적으로 이어지는 것은 어진 것이요, 끊어지는 것은 어질지 못하다.

하늘과 땅 사이에 모든 생명이 있는 것들을 사람이라 부른다. 그러나 다만 인간만을 따로 더욱 사람이라 부르는 것은 생생이 이어지는 생명의 연속성에 대한 자애로운 의식을 내면에서 알고 있기 때문이다.

우연하게 생겨났을지 몰라도 태어나는 그 행위 자체는 어진 것이다. 그 본바탕에 깔려 있는 무한의 양심(良心)을 보고 알아채는 것도 개인의 행운이다.

선악이라는 것은 행위에 대한 판단이다. 산사태가 나서 집을 덮어 사람들이 많이 죽었다 하여 산이 악한 것은 아니다. 자연의 입장에서는 자연한 흐름이다.

자연은 사람의 판단을 따르지 않는다. 자연한 흐름을 따르는 것이 자연의 인이다. 그러나 산을 관리하는 자가 있어서 산사태가 날 것을 미리 알고 있었는데도 방치하여 생긴 일이라면 이는 무지이고 다른 사람에 대한 악이 된다.

95
—

행복은 나눌 것이 더 많은 사람에게 존재한다. 그리고 행복은 다만 물질만으로 말하는 것이 아니기에 가난하다고 부족한 것은 아니다.

96
—

용기란 강한 것과 맞설 수 있는 것을 의미하기도 하겠지만 아무도 하려 하지 않는 일을 끝까지 지키며 하는 것을 말하기도 한다.

97
—

새떼들이 앞선 것을 따라가듯이, 전쟁터에서 돌진하듯이 사이비들의 말을 따라가며 영혼을 모두 헌납한 사람들의 행위는 단순성 때문이다. 거기에는 '왜?'라는 것이 있을 수 없다. 의문이 없는 삶은 건조하다. 그곳에는 단순한 얽힘으로 그렇게 할 수밖에 없도록 만든다. 그들의 무조건적 단순성에 삶을 구속하고 자유를 억압한다.

98

병이 낫기를 싫어하는 사람들이 있다. 그들이 원하는 것은 타인의 관심이다.

99

잘못된 의학 지식은 병보다 무섭다. 그러니 이런 지식을 퍼뜨리는 사람들의 행위가 더 무섭다. 그들의 교활함은 물질에 대한 욕망의 뿌리에서 자라난다. 매스컴에는 온통 가짜 정보가 넘쳐난다. 무지한 인간에 대한 무한의 관심들이다.

100
—

어리석고 탐욕스러운 정치가들이 계속 뽑히는 이유는 국민이 못나서가 아니라 그 시대의 바람이다. 뽑히는 자들은 바람이 흐르는 곳에 몸을 맡긴 사람들일 뿐인 것이다. 바람이 꼭 좋은 것만 싣고 갈 이유는 없지 않은가? 국민은 다만 그런 자들이 바람을 타지 않길 바라야 한다.

101
—

손톱에 봉숭아 꽃물을 들이는 시간보다도, 인간의 영혼이란 것은 더 쉽게 보고 듣는 것에 물든다. 그리고 영혼이 물들어 버리면 그 안의 어떤 것은 영원히 빠지지 않기도 한다. 매사 조심스러운 일이다.

천지의 사방팔방 속에 존재하는 모든 자연의 신비스러운 혼백과 그 작용을 영(靈)이라고 한다. 생각과 판단으로 욕망을 따르며 에너지를 분출하는 양성적인 의식의 바탕은 혼(魂)이다. 이 둘을 합쳐서 보통 영혼이라고 말한다. 이것은 수분을 매개로 하는 모든 사물에 존재한다. 그중 인간의 영혼은 그들

스스로 특별하다고 생각하는 것으로 언어를 통해서 더욱 확고해지는 경향이 있다. 영혼이 없는 언어는 건조하다. 그러나 악령의 습관에 물든 영혼은 위험하다.

102
—

부자와 가난은 그들이 갖고 있는 돈으로 정하는 것이 아니다. 많은 돈을 가지고 있어도 계속 채우려고만 하는 성격의 소유자라면 그는 부자가 아니다. 가난한 사람이라도 물욕이 없으며 먹고사는 데 지장이 없는 것에 만족한다면 그는 가난한 것이 아니다. 이 둘을 나누는 것은 욕망의 무게일 뿐이다. 욕망이 기난하면 부자이고 욕망이 부자이면 가난하다.

103
—

운동은 건강에는 도움을 주나 장수와는 별 관계가 없다.

104

보통 사람들이 이루기 어려운 것을 쉽게 한다면 이는 타고난 재능이다. 사람의 씨앗으로 자궁에서 한 달을 지나 세 달이 될 때에 그 사람의 재능의 틀이 갖추어진다.

105

소설 한 권을 시 한 줄로 표현할 수 있고 시 한 줄로 소설 한 권을 만들 수도 있다. 시 한 줄을 보며 영감을 얻어 몇 개월을 쉬지 않고 소설을 완성하는 사람은 타고난 재능이 많다. 노력에는 한계가 있으나 노력이 오래되면 재능이 된다.

106

주위에서 사후 세계를 보았다는 사람들의 이야기를 들어보면 먼저 빛 이야기를 한다. 현실의 빛이 아닌 새로운 색의 빛이 비추는 곳으로 자신이 빨려들어 갔느니 하면서 신비에 찬

발언으로 자신의 확신에 대한 은밀한 동의를 요구한다. 그들은 이런 일이 있은 뒤부터 남은 대부분의 삶을 이와 관련하여 소비한다.

그들의 말은 전파력이 강하고 주위를 두렵게 한다. 인간에게는 내일이라는 미래를 예측할 수 있는 힘이 없기에 이런 말에 쉽게 동요되는 것이 아닐까 싶다. 그 사람이 엄청난 능력의 소유자이거나 반신반인이 아닌데도 불구하고 자신들의 이성을 쉽게 그에게 내준다.

현존에 불안한 인간의 영혼은 자체로 병적이기에 새로운 이끌림에 쉽게 넘어가기도 한다. 그리고 이런 것들을 죽을 때까지 믿고 살다가 생을 마친다.

107

고요한 방에 희미하게 등불을 켠다. 눈을 반 정도 뜨고 호흡에 몰두하다 보면 몸 안으로 온갖 모양의 세계가 펼쳐진다. 신령한 기운이 만드는 작용이다. 시공이 사라지고 영원으로 통하는 작은 문이 그 안에 있다.

108
—

기도는 인간이 할 수 있는 신성한 행위 중 하나이다. 기도는 무엇을 원해서만 하는 것이 아니다. 스스로의 내면을 보는 것이다. 진실로 고요하게 기도하는 사람을 비난하는 것은 양심에 거스르는 일이다.

109
—

수양을 하려는 사람은 과식을 하지 말아야 한다. 과식은 모든 욕망의 원인이 된다.

110
—

예술의 뿌리는 욕망이고 줄기는 이성이다. 뿌리가 약한데 줄기가 성한 나무는 많지 않다.

111

사람들이 먹는 약은 크게 세 가지로 나눌 수 있다. 첫째는 육체가 병들어 먹는 것이고, 둘째는 영혼이 병들어 먹는 것이고, 셋째는 아픈 데가 없는데도 먹는 약이다. 아픈 곳이 없는데도 왜 약을 먹는가 하면 아프기 위해서이다. 인간의 욕망은 대부분이 타인에게 있으므로 아픈 것마저 동경하는 것이 인간이다.

112

가려움이나 통증이 심한 것은 속에 열이 많기 때문이나.

113

식사할 때만 땀을 유난히 많이 흘리는 사람이 있다. 이는 습관적으로 음식을 빨리 먹거나 성격이 급한 사람이다. 천천히 식사를 하면 몸 안의 수분이 난동하는 것을 어느 정도 막을 수 있다.

천천히 먹는데도 땀을 많이 흘린다면 이는 몸에 습기가 많아 축축한 것이다. 햇빛이 부족한 음습한 곳에 습기가 많다. 몸의 햇빛인 양기가 부족한 것이니 양기를 보해서 습기를 말리면 된다.

사람의 몸은 자연과 같다. 같은 기운을 공유하기에 자연을 살피면 자신을 알 수 있다.

114

자면서 이빨을 갈고 혼자 중얼거리고 일어나 왔다갔다하는 사람이 있다면 이는 열기가 간과 쓸개에 가득하여 위로 올라가 뇌를 어지럽게 했기 때문이다. 뇌는 자신을 침범하는 열기를 스스로 방어하거나 물리칠 수 없다. 따라서 간과 쓸개를 안정시켜서 머리로 향하는 열기를 제압해야 한다. 장부는 뇌와 영혼의 건강에 관여한다.

115

행위에 대한 선악을 판단하는 기준이 되는 것은 행위 당시의 상황이다. 태초에 인간이 있을 때부터 행위는 있어 왔고 그 상황마다 그것에 관여하는 욕망과 의지가 따라다녔다. 욕망과 의지가 추하면 행위도 추하게 된다.

116

완벽한 행동을 원한다면 철저한 계획과 결단이 항상 준비되어야 한다. 골수에까지 계획이 이르게 되면 몸은 그에 따른 결단을 한다. 그러나 자연스러운 행동을 원한다면 그냥 자유롭게 하면 된다.

117

서로 너무 가까이하면 안 될 관계가 있다. 이런 관계에는 많은 예의를 요구한다. 편할수록 어려운 것이다. 그리고 너무 멀리하면 안 될 관계도 있다. 이런 관계는 많은 노력과 인내가 필요하다.

사회라는 것은 관계이고 모두 다 성실함을 필요로 한다. 친구를 사귈 때도 성실하지 못하면 절대 좋은 벗은 얻을 수 없다. 이런저런 것 다 귀찮으면 혼자 사는 것을 배워야 한다. 혼자 살면서 자신만 돌보며 남에게 신경 쓸 일도 없다. 혼자 사는 데 가장 필요한 것 역시 성실이다.

자신에게 성실한 것이 가장 필요한 덕목이다. 그러나 자신에게 성실한 사람은 다른 사람에게도 성실한 법인데, 사회 자체가 자신에게 어울리지 않는 체질이 있으니 이들은 혼자 사는 것이 좋다.

혼자라는 것은 생사를 포함한 모든 문제가 언제나 내 안에서 결정되는 것이므로 더욱 평정심을 요구한다. 무심해야 한다. 그래야 자연에서 혼자일 수 있고, 그래야 다시 자연일 수 있다.

118

노년에 혼자 사는 사람들은 외롭다. 그러한 외로움 속에서도 남자는 대체로 불안정해 보이고 여자는 편안해 보인다.

119

어떤 사람이 사돈 관계의 사람과 심하게 다투고 기억상실이 왔다. 오전에 다투었는데 오후부터 다투었던 몇 시간이 기억에서 없어졌다.

사람의 정신은 심한 충격을 받게 되면 하늘과 땅이 갈라지듯이 나누어진다. 정신이 하나가 아닌 분리된 상태로는 이성이 보호받지 못하고 깨뜨려져서 머릿속의 어딘가에 깊이 버려진다. 이것을 다시 찾을 수도 있고 못 찾을 수도 있는데, 관건은 정신이 다시 하나가 되느냐에 있다. 또 피괴된 이성의 조각을 얼마나 잘 맞추는가에 있다. 나뉜 정신이 가엾은 조각을 맞추려면 오랜 수양이 필요하다.

120

욕망은 땅의 기운이고 이성은 하늘의 기운이다. 곡식과 공기가 사람을 살리기도 하고 죽이기도 하듯이 욕망과 이성도 그러하다.

121

자동차를 좋아하는 사람은 열정적이고, 시계를 좋아하는 사람은 세심하다.

122

자신이 만나는 모든 사람에게 항상 은혜를 베풀어준 사람을 대하듯이 깍듯이 하는 사람은 사회에서 성공할 확률이 높다.

123

훌륭한 스승으로 빛나는 이들의 공통점은 좋은 제자를 여럿 두었다는 데 있다. 좋은 제자는 스승을 세상에 드높인다. 그러므로 자기보다 뛰어난 제자를 곁에 두기를 후대의 모든 스승 된 자들은 갈망한다. 그러나 간혹 자신이 제자들보다 뛰어나다고 생각하며 스스로를 높이는 스승이 있다. 이는 생각이 좁은 사람이며 너그럽지 못하다. 이런 사람 밑에서는 큰 제자가 나오기 힘들다.

공부하는 사람에게 있어 가장 중요한 것은 스승을 잘 만나는 것이다. 이것에도 행운이 필요하다. 훌륭한 스승은 제자의 세상을 밝히는 새로운 세계이다. 훌륭한 제자는 스승의 학문을 잘 잇는 사람이다. 이들의 만남은 진리를 향한 영원한 전진이다.

124

사람과 사람이 같이 살게 하는 것은 강한 이성적 결속 때문이 아니다. 드러나지 않으며 미세하게 흐르지만 서로를 이어주는 약한 마음 때문이다.

125

가끔 어떤 사람을 보면, 저 사람은 태어나길 악마로 태어난 것이 아닌가 하고 의심이 들 만한 사람이 있다. 그러나 좀 더 자세히 들여다보면 나에게 악마가 있는 것이다. 나의 악마가 상대의 악마를 알아본 것인데 상대가 좀 더 센 놈이었을 뿐이다. 반대로 진정 천사 같은 사람을 본다면 내 안의 천사가 그를 알아볼 것이다.

세상에 결함이 없이 완전무결한 사람은 없다. 불완전한 인간들이 부딪히며 오가는 것이 세상이다.

126

자식은 부모의 몸에서 나왔지만 그 몸은 부모 이전의 자연이다. 시냇물과 강물과 바닷물은 서로 다른 곳에 있어도 물이라는 본질은 같다. 사람이라는 본질은 같지만 어디에서 왔는가에 따라 서로 다르다. 탁하고 깨끗하고 협소하고 커다란 정신이 만든 환경이 다르다.

서로가 달라지는 시작점은 개인의 욕망과 의지이다. 도달하는 곳이 선한 곳인지 악한 곳인지가 그것에 달려 있다. 이것이 사람의 삶을 다르게 만든다.

127

개인에게 닥치는 대부분의 재앙에 대하여 본인은 그 원인을 모르는 경우가 많다. 고작 알 수 있다는 것도 짐작 정도이다. 작은 고난은 대체로 원인이 있고 어느 정도 수긍이 가는 일들로 이루어진 경우가 많으나 큰 재앙은 그 원인이 없는 것이 많다.

그러나 엄밀히 말하면 원인이 없는 것이 아니라 인간이 그 원인을 모른다. 신이 인간을 벌주려고 한 것이라면 선악을 따지지 않고 아무에게나 불화살을 쏘는 것과 같은데, 이는 신에게 무책임이 돌아가므로 신의 뜻은 아닐 것이다. 따라서 신에게 재앙의 구원을 기도하는 것 또한 무의미하다.

그렇다면 재앙을 피해갈 수 있는 묘안이나 기댈 방법은 없는 것인가? 있다. 기댈 곳은 오직 하나, 바로 '운'이다. 죽을 때까지 큰 고난이나 재앙이 없이 잘 살다 가는 사람들이 종종 있는데, 이런 사람들이 남보다 크게 뛰어나거나 노력했거나 신의 도움을 받아서가 아니다. 그냥 억세게 운이 좋았을 뿐이다.
사람에게 있어서 운은 좋기도 하고 나쁘기도 하다. 인간의 지식으로는 도저히 알 수 없는 그 운이 좋은 사람이 세상을 잘 놀다 간다. 행운은 삶의 플러스이다.
고난이나 재앙에 기도하는 것은 이익을 바라서가 아니라 인내하기 위해서이다. 극한의 고통으로부터 자신을 보호하고 새로운 삶으로 인도하게 하는 작업이다. 그렇지 않으면 제2의 재앙에 휩쓸려 자신이 사라질지도 모를 일이니 보호가 필요한 것이기에 해야만 한다.
인간이 아는 것은 모르는 것의 수만분의 일도 안 된다. 좋은 운이 있길 기도하는 것도 나쁘지 않다.

128

공자는 '세 명이 가면 그중의 하나는 나의 스승'이라 하며 그 선행을 골라서 굳세게 나갈 것을 주장하였다. 사람이 자기 스스로에 대하여 아는 것이 얼마 없는데 남을 어떻게 알 수 있겠는가? 다만 사람의 말과 행동만으로 그를 평가하면 안 된다. 한 사람 안에는 다른 사람에게 없는 세계가 있으니 그것

또한 무한의 세계이고 본받을 것이 많다.

그런데 어떤 사람들은 그 무한의 시공간에 무지(無知)의 씨앗만 뿌리며 산다. 무지의 열매는 화냄이나 투덜거림이다. 그것은 몸속에 있다가 눈빛으로 새어나와 탐할 것들을 찾아서 오랫동안 집착한다. 그리고 얻지 못하면 화를 내고 또 투덜거린다. 그들은 아무것도 하지 않으면서 한 세상을 살다 간다.

129

'자식이 아팠다'와 '자식이 아프다'는 천지 차이다. 전자는 아무리 고통이 컸어도 다행인 것으로, 후자는 아무리 고통이 작아도 불행인 것으로 간주하기 때문이다.

130

지식인은 대부분 우울하다. 지식이 신체의 힘보다 무거워 신체가 억눌린 결과이다. 쓸데없는 지식을 버리면 신체에 유익하다. 그러나 지식인이 다른 사람보다 장수할 확률이 조금 더 높은 것은 장수에 대해 연구하기 때문이다. 정신과 몸이 우울하다 보니 그것에서 벗어나고자 많은 노력과 연구를 하여 좀 더 오래살 수 있다. 그러나 이것에도 한계는 있다.

2부

몸의 언덕

백일묵상

1~129

1
―

물은 언어의 창조자이다. 모든 언어는 물속에 들어 있고 물에서 나온다. 물의 소리는 모든 인간의 감정과 욕망으로 울부짖는 소리이다. 이는 물의 표현이 되며 물에 머무는 영혼의 소리이기도 하다. 물이 있는 곳에는 영혼이 있고, 물이 살아서 일정한 틀 안에 머물게 되면 자기 특유의 자아를 형성하게 된다. 인간의 몸도 그중의 하나이다. 자연의 언어는 수없이 많으며 인간은 그 가운데 몇 가지만을 취해 공용한다.

2

어떤 사고로 인하여 심장은 뛰고 있는데 의식이 없는 사람들이 있다. 그런 경우 죽지 않았다고 말하는 것으로 보면 사람이 살았다 죽었다를 판정하는 바탕은 의식이 아니라 장기인 것이다. 그렇다 해도 심장은 뛰고 있으나 영혼이 먼저 몸을 떠난 것은 죽은 것과 같다.

몸을 떠난 영혼은 자연에 흡수되어 몸에는 이미 자아가 없다. 자연에 흡수되지 않고 몸 안에 머물다 다시 의식을 찾는 경우도 간혹 있지만 대부분은 제자리로 돌아오지 못한다. 이런 시간이 오래 지속된다면 심장도 쉬게 해주어야 한다. 영혼이 없이 심장만이 홀로 뛰게 하는 것은 예의가 아니다.

사람은 자신의 부끄러운 모습을 보여주기 싫어하는 것이 인지상정인데, 영혼이 그런 생각마저 할 수 없는 지경에서 온갖 모욕을 당하고 있으니 의식이 있었다면 얼마나 슬프겠는가? 그렇게 의식이 없이 두는 것은 죄악이며, 남은 자의 욕심이다. 심장을 멈추어 보내는 것이 개인의 삶을 존중해주는 것이다.

3

죽음을 알리는 것을 부고라 한다. 젊고 어린 사람의 부고를 듣는 것보다 그나마 노인의 것이 마음에 편하다. 헤어짐이란 좋은 것만은 아니지만 그래도 늙어서 죽는다는 것은 슬픈 일만은 아니다.

만일 사람이 죽지 않고 계속 산다면 이것도 괴로운 일이다. 갈 때가 아닌데 가는 것이 슬픈 것이지 갈 때 가는 것은 오히려 기쁜 일이다. 더욱이 영혼은 떠나고 병상에 누워서 호흡기에 의지하여 삶을 연장하는 것은 죽느니만 못하다. 죽음은 살아 있는 자의 의지가 아니라 죽은 자의 소유다.

4

알던 사람의 얼굴을 보면서 점점 다른 사람처럼 느낄 때가 있다. 질병이나 성형으로 얼굴이 비꺼지 않았는데도 말이다. 그 사람의 변한 원인이 얼굴에 있는 것이 아니라 마음에 있었던 것이다. 얼굴은 마음의 잎이다. 마음이 고갈되면 잎도 시든다.

5

아기가 세상에 태어나 크게 울며 자신이 태어남을 세상에 알린다. 그러나 그 이후에도 계속 우는 것은 자신이 어머니의 자궁에서 생각했던 세상이 아닌 것에 대한 불만이다. 결국 세상과 계속된 관계 속에서 타협만이 살 길이란 것을 알고 아이는 그제야 비로소 웃음을 짓게 된다.

그럼에도 불구하고 울음을 좀처럼 그치려 하지 않고 오래가는 아이는 불만스러운 철학자의 기질을 받은 것이고, 계속 뜻 없는 웃음을 짓는 아이는 성직자의 기질을 받은 것이다. 일관성 없이 웃고 울고 불만과 타협을 오가는 것이 일반적 아이의 모습이다.

6

아이들은 어려서부터 "나는 커서 무엇이 되고 또 무엇을 하고 싶어."라고 하면서 여러 가지 이루고 싶은 것들을 상상한다. 그러나 점점 성장하면서 자신이 원했던 것들과 멀어짐을 알게 된다. 왜 그런가 하면 자신이 되고자 하는 것은 우선 자신의 행위에 즐거움을 줄 수 있는 것이어야 한다. 그러나 그 즐거움이 무엇인지를 어린 나이에는 아직 알 수 없었고 그에 대한 충실한 행동이 없었기 때문이다.

일관되게 자신의 즐거움을 찾아갔으면 그것이 곧 직업이며 자신의 삶이 될 수 있었을 텐데 그렇지 못하고 방황하다가 어쩔 수 없이 진로를 선택하여 세상에 자신을 맞추며 살아간다. 어쩌다 자신이 좋아서 몰입하려 하면 주위의 시선과 그 내면의 악마들이 관여하여 그것은 너에게 맞지 않으니 또는 쓸데없는 일이라느니 하며 방해를 하여 일관된 행위를 할 수도 없으며 쾌락도 금방 식고 만다.

결국 자기 삶의 즐거움은 자신에게서 찾아야 하는데 그것을 모르고 있으니 남의 말과 악마의 유혹에 쉽게 지고 마는 것이나. 늦게라도 이것을 알아 참된 즐거움을 자신 안에서 찾아야 한다.

7

모든 외적 환경에 대하여 가장 초연할 수 있는 경지는 타고나는 것이 최상이다. 사물을 철저히 나와 분리하여 나의 감정에 들어올 수 없게 타고난 사람은 수양으로 터득한 사람보다 훨씬 외물에 대해 초월적이다. 몸과 마음의 도를 닦아 정점에 이른 사람들이 사소한 성욕을 참지 못하고 잘못을 저지르는 경우만 보더라도 인간의 노력에는 한계가 있음을 알 수 있다.

8

나이 칠팔십이 넘으면 세상을 어느 정도 산 것이므로 떠날 준비를 천천히 하는 것이 좋다. 영원히 땅에 발을 디디고 살 수 없는 것이니 욕심을 버리고 애착의 마음을 서서히 줄이면 떠날 때에도 가볍게 떠날 수 있다.
욕심 중에도 식욕과 성욕은 가장 큰 욕망이다. 이 두 가지만 줄이더라도 성냄과 탐욕이 많이 감소하니 소식하고 자연을 소요하는 것이 좋다.
가끔 노인들이 잠이 부족하다고 괴로워하는 경우를 본다. 늙어서 잠이 적은 것은 앞으로 남은 시간이 많지 않으니 살아 있을 때 과거의 좋은 것들을 많이 추억하라는 뜻이다. 눈귀가 밝지 못하는 것은 밖의 것에 그만 신경을 쓰고 자신의 내면을 들여다보라는 것이다.

늙어서 젊음을 그리워만 한다면 슬프다. 지나간 삶에 대한 미소와 아름다운 이별을 대할 여유를 갖는다면 꽤나 즐거운 일이다.

9

사람의 불길한 행동을 보고 그의 악함을 이해하려면 문득 더 이상 진입할 곳이 없음을 알게 된다. 악은 이해되는 것이 아니다. 의지와 행위에 대한 느낌이다. 또한 사람의 선행을 보고 그 선함을 이해하려면 더 이상 이를 곳을 알지 못한다. 선행도 느낌일 뿐이기 때문이다. 인간의 내면을 이해하려면 알 수 없는 영원한 것에 이르러야 한다. 이는 기대하기 어렵다.

10

아, 삶의 변덕이여!
이런 방황이 고작 너의 의지란 말인가?

11

더러운 곳에 살던 물고기는 깨끗한 물에서도 살 수 있지만 깨끗한 물에만 살던 물고기는 더러운 물에서는 살기 어렵다. 사람의 심성도 선악과 청탁이 섞여 있는 것이므로 너무 고결하면 대중에 어울려 살기 힘들다. 적절하게 주위에 맞추어 사는 것이 좋다.

12

어떤 일을 결정함에 있어서 세 번 생각은 과하고 두 번이 적당하다고 공자는 말했다. 한 면의 반대쪽 의견을 듣는 것이다. 그 이상을 나가게 되면 혼란이 따르게 된다.

13

빛보다 어둠이 가깝고 어둠보다 욕망이 가깝다.

14
—

기쁘고 밝은 것은 어둠의 뿌리인 저녁에서부터 시작하고 슬프고 우울한 것은 밝음의 뿌리인 아침에서부터 시작한다. 선의 뿌리는 악에 있고, 악의 뿌리는 선에 있다. 단순한 선악은 서로 공유하는 부분이 있으며 순수하지 못하다.

15
—

현실적인 것을 즐기는 사람은 땅의 기운에 끌리며, 비현실적인 것을 즐기는 사람은 하늘의 기운에 끌린다.

16
—

인생은 놀랍고도 불편하다.
진실은 왜곡되고 자연은 서서히 파괴된다.
오만한 광선들이 생명을 죽이고
희망이 사라진 아이 위로 태양이 뜬다.

어른들은 무릎 꿇고 신에게 기도드린다.

17

하루를 두 조각으로 나누면 일과 잠이고, 세 조각으로 나누면 일과 휴식과 잠이고, 네 조각으로 나누면 일과 휴식과 오락과 잠이다. 일과 잠은 인생의 대부분을 차지한다.

18

하루의 생활을 사랑과 진실만을 위하여 모두 쓰는 사람은 행복하다. 그러나 사랑과 권태, 진실과 거짓은 동전의 양면과 같다. 장애가 아니라면 이렇게 살기란 어렵다.

19

젊음이 주는 사랑의 뜨거움은 아름답지만 노년의 뜨거움은 슬픔이다. 사랑이 고귀한 것은 영원성 때문인데 노년의 영원성은 값이 안 나가는 물건과도 같다.

20

싸움의 원인은 질투에서 시작되는 경우가 많고 악이라는 결과는 고집에서부터 시작하는 경우가 많다.

21

그 사람 자체를 뜻하는 자기(自己)는 그의 과거이고, 인식과 행위를 주체하는 자신을 말하는 자아(自我)는 그 사람의 미래이며, 이 둘이 합쳐져 현재의 그가 된다.

22

사람에게 지옥문이 있다면 그것은 아마도 머리에 난 구멍인

눈과 귀를 말하는 것이 아닐까 싶다. 여기로 통과하여 몸으로 들어온 것은 몸 밖으로 나갈 희망을 포기해야 한다. 또한 그들은 몸 안에 스며들어 앞으로의 방황과 슬픔과 고통의 뿌리가 될 것이니 여기에서 자란 모든 줄기는 서로 얽히어 갈등을 만든다.

23

무념무상(無念無想)은 자신을 잊고 모든 잡념이 사라진 상태로 깨달음으로 가는 과정을 말하는 용어이다. 여기에 있는 념(念)이나 상(想)은 모두 생각하는 것을 뜻하는 글자이다. 다만 둘의 차이점이라 한다면, 념은 시간적이고 상은 공간적인 것을 말한다.

그리고 무심(無心)이라는 말도 많이 쓰는데, 이는 남에 대하여 동정이라든가 관심이 없는 텅 빈 상태의 마음을 뜻하며 깨달음의 상태이다. 이것으로 미루어 보면 생각이나 마음은 쓸데없는 것이 더 많다. 그러기에 적을수록 좋다.

24

태양 아래 완전하거나 완벽한 것은 없다. 그래서 나온 말이 '가장', '최고' 등이며 '가장 완벽한', '최고로 아름다운' 등등으로 표현한다. '완벽하게'라든가 '완전하게'라는 말을 자주 쓰는 사람은 아마도 인간의 세계가 아닌 다른 세계를 선호하는 사람이리라.

25

스스로 도덕적이라고 생각하면서 행동하면 도덕에 대한 고집으로 성격이 고착되어 경직된 느낌을 준다. 진정한 도덕은 자연스럽게 아무렇게나 행동하여도 도덕적이어야 한다. 그리고 최고의 도덕이란 그저 상상에서 나온 문구일 뿐이다. 그러니 너무 도덕에 집착할 필요는 없다. 자연스러움이 좋다.

26

밥은 하루에 오전 오후로 두 끼 먹는 것이 삶과 건강에 좋다. 한 끼는 부족하고 세 끼는 과하다. 굳이 한 끼를 먹는다면 저녁에 모든 일을 마치고 쉴 때 먹는 것이 좋다. 음식이 하루의 피로를 달래줄 것이다. 그러나 수행을 하는 자라면 오전에 한 끼 먹는 것이 더 좋다. 물은 조금씩 자주 마시는 것이 좋고 가끔씩 호흡을 길게 내쉬어주면 몸의 탁기가 빠지고 울체가 없어진다.

27

어떤 여자들은 안경을 낀 남자에게 더 애착을 느낀다. 지성적으로 보이기 때문이다.

28

석가모니와 예수와 공자가 만났다. 오랜 기간 동안 서로의 소식을 모르던 차라 반가워하며 기쁘게 손을 잡았다. 그리고 어쩐 일로 세상에 왔느냐고 서로에게 물었다.

먼저 석가모니가 말하였다.

"불법의 근원은 마음이 고요한 상태에 머무는 겁니다. 이곳에 살고 있는 사람들이 모든 잡념을 멈추고 한 생각에 그친다면 번뇌에서 벗어날 것이기에 그것을 알리러 왔습니다."

다음으로 예수가 말하였다.

"사랑이 가장 필요한 곳이 이곳이 아니겠습니까? 이 사람들에게 서로 사랑하는 마음을 갖게 해주면 아무리 험난한 곳이라도 의지처가 되어 더 이상 괴로워하지 않을 것입니다."

마지막으로 공자가 말하였다.

"여기의 사람들이 괴롭게 된 것은 자신의 위치에서 성실하지 않았기에 그런 것입니다. 그래서 비록 고난이 있는 곳이라 해도 자기 위치에서 성심을 다해 자신을 극복하고 양심을 회복하게 하려고 왔습니다."

셋이서 이런저런 얘기로 시간을 쓰고 있는 사이 저 멀리서 한 사람이 천천히 걸어오고 있다. 소크라테스였다. 그가 점점 다가오더니 이렇게 말하는 것이다. "너 자신을 알라." 그리고 "당신들은 여기에서 무엇을 하러 온 것이 아니라 당신들도 나와 같이 윤전의 사슬을 넘어서 여기에 다시 모인 것입니다."

라고 덧붙였다.

세 사람은 곰곰이 생각했다. '그러게 왜 우리가 여기에 또 다시 왔을까?' 그들은 도무지 알 수가 없었다. 그래서 하느님과 악마들에게 그 이유를 물어보았다. 그런 가운데 이들이 여기에 다시 온 이유는 바로 인간에 대한 무한한 희망 때문이라는 것을 알게 되었다.

그들에게 있어서 인간은 최대의 희망이었다. 인간에 대한 쓸데없는 희망을 지금까지 떨치지 못하고 있었다. 정신과 의지가 말과 행위로 나타나는 것이 온통 잡념으로 가득차고 사랑과 양심이 없는 인간세계에 대한 안타까울 정도의 무한한 애정을 가지고 유전하고 있었다.

그러나 다시 온 세상에는 이제 이들이 필요치 않았다. 이들을 추종했던 많은 사람들의 잘 짜여진 힘에 의하여 이미 자기들만의 세계를 만들어 놓았으니 이들이 들어올 자리는 없었다. 그리고 예수와 석가와 공자에게 어서 여기를 떠나라고 재촉까지 한다. "당신들이 다시 와서 우리 세계의 안정이 무너지고 있다."고 말한다. 결국 압박을 못 이긴 세 사람은 다시 정처없는 먼길을 떠나게 된다.

29

인간은 태어나면서 죽을 때까지 어느 순간에 악행을 보이는 경우가 있다. 물론 인생 전체가 악행인 사람도 있기는 하다. 하지만 대부분의 사람은 일정 기간에 악행을 하게 된다. 이 기간이 바로 자신에게 들어온 행운에 도취되어 오만했던 시기이다.

30

과거에는 지진이나 화산폭발 같은 재해가 신의 분노라고 여겼다. 지금은 그렇게 생각하는 사람이 별로 없다. 신이 늙어서 재해를 일으킬 힘이 없다고 보는 것인가 보다. 그리고 다른 무엇이 신을 대행하고 있다면 그것이 무엇인지 사람들은 잘 알지 못한다. 그러니 애매하게 환경 탓만 하고 있다. 그리고 가끔 늙은 신보다 힘이 센 무엇이 있을 것만 같다고 상상을 한다.

31

인간의 몸은 겨우 달에 가본 것이 전부인데 혀는 온 우주를 다 돌아다닌 것처럼 말한다. 망원경으로 본 우주가 상상의 전부이다. 그러면서 우주가 계속 넓어지고 있다고 말한다. 그들은 우주의 경계라도 알고 있단 말인가? 모두 머릿속 허구에서 나오는 말들이다.

우주는 인간 이전에 있는 것이다. 인간의 사고가 만들어지기 이전부터 있었던 것이며 알 수가 없다. 가설은 말 그대로 거짓이거나 임시적으로 세운 말일 뿐이다. 인간은 우주에 대하여 영원히 모르고 사라질 수도 있다.

32

사랑 고백은 달이 온전하게 떠 있는 날에 한다. 머릿속 작은 공간에 사는 토끼가 달이 온전한 날에 달에서 상대에게 신호를 보낸다. 옛날에는 달에 토끼가 산다고 믿었다. 그러나 이는 머릿속 공간의 토끼 모양의 집을 두고 한 말이다. 이 공간을 달의 집이라 불렀다. 이곳은 온통 욕망으로 가득차 있다.

사랑의 욕망이 가득차 달집이 팽창을 하면 이 기운을 밖으로 분출하여야 한다. 그래야 토끼가 달로 갈 수 있다.

33

봄을 좋아하는 사람은 부자를 꿈꾸고, 여름을 좋아하는 사람은 기이한 것을 즐기고, 가을을 좋아하는 사람은 가슴속 그리움이 절절하며, 겨울을 좋아하는 사람은 기상이 높으나 외롭다.

34

영생(永生)의 뿌리는 사랑이고, 영생의 열매는 자식이다. 자식은 자식으로 이어져 영원한 생명이 존속된다. 홀로인 사람은 구원이 필요하나. 구원의 시작은 연애의 감정이고, 구원의 기쁨은 결혼이다. 구원을 원하지 않는다면 홀로 자신 안에서 살다가 가면 된다. 스스로가 하나의 세계이며 자연이며 우주면 된다.

35

권력의 날 끝에 있는 것은 매우 위험하다. 그리고 권력과 재물이 함께 가면 썩은 고기에서 나는 악취보다 냄새가 더 심하다. 차라리 가난한 것만 못하다. 마음이 편해야 몸도 편한 법이다.

36

내가 죽어 혹여 묘라도 있어 조그만 비석을 세운다면 거기에 이런 글을 새기면 좋겠다. "불안과 권태와 술로 삶을 소비한 자 죽어서 자유를 얻다."

37

화양연화의 양조위와 카사블랑카에서의 험프리 보가트는 매력이 있다. 권태를 무료하게 만드는 묘약이다. 한 인간의 이야기 속에 계속 빠져들게 하는 시간들은 생의 선물이다.

38

이상(李箱)은 이상하다. 이상을 그리워하다 따라 죽은 박인환도 이상하다. 이들은 상자 속에 있다. 스스로 만든 상자에 스스로를 가두고 있다. 이 둘을 가둔 상자도 이상하다. 이상한 상자는 이상을 알지 못한다. 이상한 상자는 인환도 알지 못한다. 그래서 더욱 이상하다. 이 둘이 갇히어 있는 상자에 나도 한철 갇혀 있다 나온다. 그곳은 괴이하고 우울하다. 종생(終生)인 상자에서 둘은 이후로 영생(永生)한다.

39

머리 중앙이 높게 솟은 사람은 높은 곳을 지향한다. 수도자는 이곳이 높이 솟아야 깨달음을 얻는다.

40

명예를 지키고 싶은 사람은 먼저 예의가 있어야 한다. 예의가 있으면 사람들이 좋게 보는 경향이 있으며 같이 예의를 갖추려 한다. 그리고 명예를 지키려면 또한 자신을 극복할 수 있는 용기도 필요하다.

41

한쪽의 사상에만 극히 치우쳐 자신의 반대편을 보지 못하는 사람은 불구(不具)이다. 그들이 아무리 좋아 보이고 좋게 말하여도 결국에는 환자일 뿐이다.

42

예전에 갔던 서해 바닷가의 등대 기둥에 '우리 사랑 영원히'란 글씨가 크게 써진 걸 보았던 기억이 있다. 그 글을 등지고 한참 바다를 바라보았다. 그러다가 돌아서 걸어오는데 동행했던 제자가 말했다. "그러나 막상 그 글을 쓴 사람은 글의 무거운 압박감을 이기지 못하고 스스로 도망치지 않았을까요?" 등대 아래로 이어진 시멘트 길에서 쓴 소주를 바다와 같이 마셨다. 그 제자는 지금도 결혼하지 않고 혼자 살고 있다. 제자를 보면 그때의 말이 가끔씩 떠오른다.

43

누군가의 글에 깊이 빠진 사람의 영혼이 점점 글쓴이처럼 되어가는 경우가 있다. 강력한 글들은 그 글에 매료된 한 인간을 지배한다. 영혼의 길은 이미 정해진 것도 있고 서서히 정해지는 경우도 있다. 누구의 말을 만나느냐에 따라 한 사람을 전혀 다른 길로 인도하기도 한다.

44

그리움과 슬픔, 우울함과 같은 감정들은 극에 다다르면 죽음을 택하든지 자신을 전혀 다른 사람으로 변화시킨다. 감정은 마음을 칠하는 색과 같으므로 과도하게 치우치면 좋지 않다.

45

예수는 사람의 몸을 하느님이 쓸 용도로 보았고, 공자는 자신이 닦아야 할 일로 보았고, 석가는 버리지 못한 해진 옷 정도로 보았다.

46

사람 냄새가 난다는 것은 감정이 있다는 것을 말한다. 감정에 바탕하여 만들어진 모든 것들은 인간적이다.

47

아무도 없는 산길을 걷다 보면 그 옛날 먼저 이 길을 걸었던 영혼의 소리를 들을 수 있다. 그들의 소리를 들으며 길을 걷다 보면 또다시 길로 통한다. 앞선 영혼들이 먼저 지나간 길이다.

48
—

사람이 눈물을 흘릴 때는 다 이유가 있다. 눈을 비비다가 나올지언정 말이다. 현재를 짜낸 눈물보다 과거를 짜낸 눈물이 많은 사람은 아쉬움과 고생이 많았던 사람이다. 인생이 힘들지 않다고 말하기에는 삶이 너무나 무겁다.

49
—

의사는 두 가지 부류이다. 과학을 신봉하는 사람과 자연을 신봉하는 사람이다. 전자는 지식을 믿고 후자는 섭리를 따른다.

50
—

어질고 올바른 의사가 의사의 참된 모습이다. 그러나 사람을 존중하고 귀하게 여기는 것이 의사의 첫 번째 본분임을 모르는 의사도 있다. 어떤 이유로 양심도 막혀 있다. 이들은 아무 생각도 없이 말과 행동으로 환자에게 해를 끼친다. 악령은 환자들이 느끼기도 전에 이미 환자의 몸과 영혼을 죽게 만든다.

51

사람들이 공상 과학 영화를 좋아하는 이유는 현실에서 힘들게 사는 것에 대한 보상도 있지만 인간 생각의 대부분인 망상과 상상이 영화를 통해 서로 필요했던 것을 찾은 데 기인하는 면이 많다. 막연하게 이런 영화를 따라가다 보면 평소의 생각이 다다를 수 없는 경지에 이르게 되고, 그곳에서 일정한 쾌감을 느끼게 된다. 이런 것들을 만들어내는 사람들은 과학의 일정 부분과 상상의 일정 부분을 조합하여 대리 만족할 것을 제공한다.

어느 정도의 과학에 근거한 상상은 이루어질 수도 있겠지만 대부분의 상상은 상상일 뿐이고 말 그대로 공상(空想)이다. 즉 비어 있는 상상으로 가능성이 없는 막연한 것들이다. 이런 영화를 좋아하는 사람들의 생각 속에는 과학은 한계가 없을 것이고, 과학이 먼 미래를 가깝게 이끌 것이라고 여기는 면이 있다. 이런 것이 망상인데도 말이다.

선과 도덕이 없는 과학의 끝은 결국은 파멸일 뿐이다. 지금까지의 과학으로도 이미 세계는 파멸되었어야 한다. 그러나 아직 세상이 지탱되고 있는 것은 빛과 양심이 허물어지지 않았기 때문이다. 인간의 내면에는 온갖 악이 잠재되어 있기에 행위로 이어진 악의 의지는 서서히 어둠으로 이어질 것이다. 이것은 양심과 도덕이 무너진 미래다.

52
—

물리는 자연이고 과학은 행위이다. 자연은 항상 영혼이 함께하고 행위는 언제나 악마가 따른다. 지게를 지던 시대의 과학이 지게라면 기중기가 있는 시대의 과학은 기중기이다. 과학은 진보한다. 그러나 이것에 선이 없다면 악마의 유혹을 떨치기 어렵다. 과학의 장점은 편리함이다. 영혼이 다치지 않는 범위에서 최대한 도덕적이어야 한다.

53
—

일이 마음대로 풀리지 않고 화가 나면 침묵하며 숨을 내쉬어야 한다. 심한 말을 하거나 숨을 거칠게 마시면 분노가 몸 밖으로 나오다가 목에 걸려 질식할지 모른다.

우울한 사람은 한숨을 자주 쉬는 법이다. 울체된 몸이 스스로 회복하고자 하는 행위이다. 한숨이 나올 때마다 한 개씩 잘 포개어 두면서 한숨 한 개요, 한숨 두 개요, 이렇게 세다 보면 우울도 풀린다. 마음은 숫자를 세면 스르르 안정이 된다. 몸을 잊어버리면서 몸은 스스로 편해진다.

54
—

일에 터무니없는 것들이 너무 많으면 문제를 찾아 개선하여야 한다. 이것이 곧 좋은 사회로 가는 길이다. 그런 곳에서 일하는 사람들은 언제나 혼자 말하듯 중얼거린다. "내가 이것을 왜 해야 하지?" "이런 것을 또 해야 하나?" 등등.

55
—

시계 바늘이 움직인다. "아! 시간이 가네."라고 말한다.

시계 바늘이 멈춘다. "아! 시간이 멈췄네."라고 말한다.

56

노인이 어린아이에게 말한다. "너는 언제 커서 어른이 될래?" 아이가 대답한다. "인생 금방이죠, 뭐."

57

이별할 때 그 눈물을 보면 관계를 알 수 있다. 부모 자식, 스승과 제자, 형세자매, 친구, 연인 등등. 그러나 아무리 가까웠던 사이라 하여도 슬픔의 눈물이 전혀 흐르지 않는 경우도 있다. 이런 관계에는 따뜻한 인정이 보이지 않는다.

58

"여자는 모름지기 예뻐야 한다." 이렇게 말을 하는 남자는 모욕도 즐길 준비가 되어 있어야 한다. 예쁜 여자만을 좋아하고 찾는 남자는 미래보다는 오늘만을 사는 사람이다. 도덕보다는 본성인 욕정에 충실한 대가로서 오는 미래의 고통을 그들은 감당할 준비가 되어 있지 않다.

59

부채질을 자주 하는 사람은 몸에 열이 많은 사람이다. 그러나 그렇지 않음에도 불구하고 부채질을 자주 한다면 이 사람은 반드시 생각 속에 지울 것이 많은 사람이다. 혹시라도 자신의 생각이 얼굴에 드러나 남에게 들킬까봐 그들이 엿보기 전에 먼저 생각을 허공에 날려 감추려는 것이다. 그의 깊은 생각은 그 누구도 모르고 오직 하늘과 땅만이 알고 있다.

60

슬픔을 누군가가 대신한다면 인생은 그다지 아름답지 않다.

61

맛의 가장 바탕이 되는 것은 싱겁고 담담(淡淡)한 맛이다. 이 틀 위에 모든 짜고, 달고, 맵고, 쓰고, 신 것들이 자신의 색을 칠한다. 사람의 마음도 이와 같다.

62

인간의 능력은 불확실하다. 불확실만이 확실이다. 그러기에 인간이 신처럼 될 수 있는 여지도 있다.

63

"잠이 최고의 보약이다." "물은 많이 마실수록 좋다." "채식하면 장수한다." 이런 말들은 한편으로는 맞고 한편으로는 틀리다. 사람이 모두 똑같지는 않기 때문이다. 이런 말 뒤에는 "그렇지만"이 붙어 설명되어야 한다.

64
—

자신의 감정을 때로 다스리지 못하는 것이 인간이다. 그런데도 자신의 감정을 생각으로 모두 다스린다고 말하는 사람도 있다. 자유로운 생각만큼이나 무지하다.

65
—

훌륭한 제자는 선생보다 나은 능력으로 선생을 보필하는 자이다. 이보다 더 훌륭한 제자는 선생의 사상을 세상에 전하는 자이다. 이보다 더 훌륭한 제자는 선생보다 훨씬 뛰어나 선생의 이름을 세상에서 지우는 자이다.

66
—

한 제자가 물었다.
"가르침에 항상 진실하고 그 가운데를 잡아 막힘이 없으며 보이는 것보다 안 보이는 것이 더욱 크니 선생의 학문은 타고난 것입니까? 습득한 겁니까?"

선생은 답하였다.

"다만 정성(精誠)일 뿐이다."

67

결혼에 대해 여자들은 대체로 막연한 환상을 갖고 있다. 반면 남자들은 생활의 무료에서 탈출하고자 한다. 이 둘의 차이가 좁아질수록 가난하여도 행복한 부부이다.

68

젊은 사람이 예뻐 보이는 것은 젊음이 주는 단순한 매력 때문이다. 나이 든 사람이 예쁘게 보이지 않는 것은 세월이 지난 탓이다. 그러니 나이가 들어도 아름다운 사람은 참으로 아름다운 사람이다.

69

여자는 남자가 이야기해주는 것을 듣기를 좋아하고, 남자는 여자가 맛있는 음식을 요리해주는 것을 좋아한다. 이 둘 사이를 이어주게 하는 것은 상대에 대한 관심이다.

70

밤을 좋아하는 사람이 많다. 그러나 반대로 밤을 싫어하는 사람도 많다. 무엇이든 자신이 좋아하면 남들도 좋아할 것이라 생각하는 것은 착각이다. 밤에 파티를 즐기지 않는 사람과 회식을 할 때는 일찍 파하는 것이 예의다.

71

독한 술보다도 독한 사람이 있다. 이런 사람이 지나간 자리는 숙취보다 더한 고통이 따른다.

72

칸트나 원효 같은 사람은 세상의 주체를 마음[心]으로 보았다. 화엄세계에서 지혜로 세상의 법칙과 본성을 들여다보니 일체가 마음에서 만들어진다고 말한다.

달마나 혜능 이후로 동서양의 수많은 종교, 과학, 철학가들은 세상의 주체를 공허한 빔[空]으로 보았다. 금강세계에서 보니 모든 사물의 법이라는 것이 다 허망하여 꿈과 환상과 물방울 같다고 말한다.

이들이 본 시공간은 마음과 빔이다. 인간이 말하는 세상의 진리라는 것에 완전하거나 변함이 없는 것은 존재하지 않는다. 이러니 마음이 지어내는 일이며 본성은 공허하다고 한다. 최고의 진리나 철학, 지고의 도덕 등도 허구에 불과하다.

그러나 "그래서 어떻다는 거야?" 하면서 이런 것들에 관심을 두지 않는다면 삶은 그저 현실이며 사회 안의 일이며 서로의 관계다. 직업과 일 속에서 한 세상을 지내는 것이기에 적절한 교류 속에서 살아 가면 된다. 그것이 한 개인의 철학이고 도덕이다.

73

인간의 작은 사고들은 대체로 감정조절이 안 되는 데서 기인하며, 큰 사건은 감정이 없는 데에 기인한다. 감정에 장애가 많은 사람이 주위에 있는 것은 독사가 자주 나오는 길을 걷고 있는 것처럼 두렵다.

74

전체가 다이아몬드인 별에서 한 조각이 떨어져 돌아다니다 어느 날 지구의 외딴 작은 마을에 떨어졌다. 그 마을에서는 평소에 귀하던 다이아몬드가 순간 많아지면서 가치가 하락하여 쓸모가 없게 되었다.

이에 이미 비싼 다이아몬드를 갖고 있던 마을의 높은 자들은 불안해하며 한데 모여서 대책회의를 하였다. 회의의 결과는 하늘에서 떨어진 다이아몬드는 하느님이 소유하던 것이었으니 이를 모두 수거해서 하늘을 품을 수 있는 연못에 뿌려 잘 보관되고 있다는 것을 하느님이 보도록 하자는 것이었다.

그리하여 모든 다이아몬드는 수거되어 연못 한가운데에 던

져졌다. 이 마을에서는 희귀하여 자신의 위치를 높게 한다고 생각하는 물건을 숭상한다. 그래서 그 가치를 떨어지게 하는 모든 것들은 그들의 방해가 된다. 설령 그것이 하느님이 모두에게 베푸는 눈물일지라도 말이다.

이렇게 몇몇에 의해서 운영되는 마을에서는 가진 자의 가치 외에는 모든 것이 쓸모가 없다. 이것이 이 마을의 주인인 자들이 통치하는 방식이다.

75

세상과 가장 타협하지 않는 사람은 지식인들이고, 잘 타협하는 사람은 정치가들이다. 전자는 세상을 바꾸길 원하고, 후자는 세상을 유지하길 바란다. 나머지는 모두 그 사이에 있다.

76

인생에서 최고로 힘들 때가 있다. 그때가 자신을 키우는 시기이다. 그러나 이것을 알 때는 이미 시간이 한참 지난 뒤이다.

그리고 대부분의 사람들은 힘들 때 무너지는 경우가 많다. 자신의 운명을 자기 뜻대로 움직일 수 없는 것이 인간이다. 운명 앞에 인간의 의지는 자유로울 수 없다.

77

발목을 삐는 경우는 대체로 딴 생각을 하고 걷다가 일어난다.

78

의도와 행위의 옳고 그름을 보고 판단하는 곳이 법원이다. 공공의 이익은 대체로 다수를 향하므로 거기에는 항상 소수의 희생이 따른다. 그러나 진정한 소수의 비극은 그 자체가 소모되는 수단으로 사용될 때이다.

79

선배 어머니의 부고를 듣고 장례식에 갔다. 나이가 구십이 넘어 돌아가셨으니 참 잘 살다 가셨다고 위로를 하였더니 선배는 한숨을 쉬며 말한다. 어머니의 마지막 십수 년은 인공호흡기에만 의지해서 사셨고 사람으로서의 행복은 하나도 없었다며 불행한 삶이었다고 한탄했다. 그리고 치료비로 자손들의 부담도 상당했던 것 같은 느낌을 받았다.

의식이 없는 환자를 호흡기에만 의지해서 생명을 잡아두고 있는 것은 인권유린일 수가 있다. 그녀의 영혼이 침상 위에서 보고 있다면 얼마나 괴로워했을까도 한번 생각해 보았다. 뇌사환자를 오랜 기간 동안 병상에서 연명하게 하는 것은 과학이 만들어낸 최악의 선물이 될 수도 있다.

80

형제나 자매가 있는 아이들은 첫째보다 둘째가 더 민첩한 경우가 많다. 첫째가 삶에 실수하고 대응하는 것을 보면서 뒤에 있는 아이들은 좀 더 영악해진다. 이렇게 앞선 자들의 행위는 뒷사람에게 영향을 준다.

81

어느 진리든 간에 일관된 마음으로 몸을 숙여 정성을 드릴 수 있다면, 그런 마음 자체가 이미 모든 경계를 넘어서 있다. 처음 한 생명이 태어나서 생각과 행위의 집착이 쌓이니 밝음은 사라지고 혼돈만이 남아 더욱 어지러워진다. 그러므로 대상을 버리고 매사에 머무름이 없어야 한다.

공자는 "나의 길은 하나로 일관되었다." 하였고, 예수는 "나는 길이요 진리요 생명이니, 나를 통하지 않고는 아버지께 갈 수가 없다." 하였으며, 혜능은 "미혹할 때는 스승이 제도하지만 깨우친 후에는 스스로 제도한다."라고 하였다.

여기에 주체로서 모두 나[吾]가 나온다. 일반 사람과 뛰어난 사람은 차이가 없어 둘이면서 하나이다. 따라서 평범한 사람[凡人]에게서 티끌 하나를 빼면 성인의 기틀이 된다. 이 기틀을 체득한 이를 성인이라 한다. 즉 이 둘이 갈라지는 길에, 마음의 점 하나를 제거하는 데에 깨달음이 있다.

일찍이 논어, 금강경, 성경, 채근담을 즐겨 읽다가 문득 이 네

가지 책은 사람의 팔과 다리와 같다는 생각에 이르러 느낀 바가 적지 않았다. 사람의 몸이 시작이 없던 시간 이후로부터 생명을 받아 의지와 관계로 얽히어 가는 것이 마치 마부가 마차를 몰고 가는 격이다. 사람의 심신은 또한 욕망에 얽혀 있으니 그 욕망은 형체가 오묘하다.

극한의 미세한 세계를 받아들일 수 있는 방법은 오직 침묵 속에서 자기를 보는 것이다. 탁한 악습의 뿌리가 사라지고 바른 지혜로 가득차야 한다. 탐욕과 성냄과 어리석음을 떠나서 대상에 집착하지 않고 맑은 마음을 낸다. 어리석음에서 벗어나면 그림자가 걷히고 밝은 가운데 거듭날 수 있다.

땅으로 인해 넘어졌다면, 땅으로 인하여 다시 일어나는 법이다. 나의 의지로 인하여 법을 깨우치고 법을 마땅히 놓아야 할 것이니 하물며 법이 아닌 것을 따르는 것은 더욱 안 될 일이다. 에너지가 약한 관념은 강한 파장의 살아 있는 의지로 흡수된다. 근본이 어두워 떠도는 번뇌는 강한 의지의 기운으로 품어서 의지의 거름이 된다.

82

세상의 모든 것을 알 것 같다는 생각이 들면 일단 평범한 것은 아니다. 그러나 인간이 알 수 있는 것은 자신이 아는 것 외에는 모두 모른다는 사실이다. 그리고 그 모르는 것이 지금 알고 있다고 느끼는 지성의 대부분이라는 것을 또 모른다.

83

산의 정상을 오를 때는 다만 한 발에만 집중하고 간다. 한 발 다음에는 다른 한 발을 교대로 바꿔만 주고 가는 것이다. 이렇게 가다 보면 더 이상 한 발도 나아갈 수 없는 곳이 바로 정상이다.

84

삶이 마냥 즐겁기만 한 사람은 아무 생각이 없는 사람이거나 아니면 매우 뛰어난 사람이다.

85
—

친구는 한때 자신이 우주의 다른 종들과 서로 언어와 느낌으로 소통한다고 말했다. 물론 그 이후로 많은 고통과 시련 속에서 치료를 받았다. 뇌 안에 이런 면이 있으면 힘들어진다. 평범하지 않은 곳에는 모남이 있다. 모남의 극에 있어도 균형을 잃지 말아야 한다.

86
—

오늘은 그 어떤 생각도 떠오르지 않는다. 몸 안의 승강기가 태업 중인가 보다.

87
—

집단이란 곳은 사회성이 없는 사람에게 모르는 것을 가르쳐 인도하는 곳이 아니다. 오히려 무지하면 피해를 당하고 손해를 보는 곳이다. 이런 곳에서 살아남는 최대의 힘은 해맑은 미소이다. 웃는 얼굴에 침 못 뱉는다.

88

오랜 기다림 가운데 하루의 만남이나 오랜 만남 가운데 하루의 기다림은 모두 마음을 설레게 하는 것들이다.

89

어디어디가 아파서 의사에게 가면 의사는 염증이라며 일주일 정도 약을 먹으라고 한다. 대화할 시간이 부족한 그들에게 환자가 아프다고 하면 모두 염증이라고 말한다. 세상에 염증(厭症)이 있어 아파도 염증(炎症)이고, 사람에 염증이 나서 아파도 염증이고, 삶에 염증을 느껴 아파도 염증이다.

90

지인이 가족들과 독일 여행 중이라며 소식을 전해왔다. 아름답고 좋은 곳이란다. 그러나 내가 알고 있는 독일은 몇 명의 인물만이 떠오르는 나라 정도이다. 괴테나 니체를 읽다 보면 독일이라는 곳을 가보지 않았어도 이들이 살던 마을이나 환경이 보이곤 한다. 그 정도면 족하다 생각한다.

상상하는 여행도 아름답고 좋다. 세상을 다 여행할 수는 없겠지만 그래도 자주 가고 싶은 곳이 있다면 인공이 없는 순수한 곳이다.

91

동양의학은 자연의 기전에 근거하고 서양의학은 과학에 근거한다. 상대방에 대하여 잘 아는 사람은 서로를 존중하며 말이 없으니 그렇지 못한 사람들은 서로 헐뜯고 싸운다. 상대방을 모욕하는 것을 즐기는 사람은 스스로가 부족함을 드러내는 것이니 공부와 수양이 필요하다.

92

스스로 잘난 것이 많다고 생각하는 사람은 오만하다. 타인에 대하여 예의가 없다. 그들에게는 교만이 가득하여 몸 안에 예의가 머물 장소가 한 곳도 없는 것처럼 보인다.

93

명절이 되면 수많은 사람들이 고향을 찾아 떠나거나 아니면 평소 가고 싶었던 여행지로 떠나면서 분주히 움직인다. 그러나 그중에는 고향이 없거나 잃은 사람도 있고 여행할 시간이 없거나 그 자체를 잃어버린 사람들도 많다.

움직이는 것은 설렘이고 머무는 것은 평상이다. 그러나 설렘 속에서 의무가 있거나 평상 속에서 부러움이 있는 사람은 우울해질 수 있다. 우울로 가득 메운 달력 속의 빨간 글씨들은 그들의 숨통을 조인다. 모든 사람에게 시간은 절대 공평하게 대하지 않는다.

94
—

모든 선물에는 대가(對價)가 있다. 대가가 없는 선물은 오직 하나이다. 받은 선물에 대하여 영원히 갚을 수 없는 사람에게 주는 선물이다.

95
—

술에 취해 글을 써 내려가면서 끝없이 쓰는 사람이 간혹 있다. 이럴 때는 술이 글을 쓰는 것인지 사람이 글을 쓰는 것인지 도무지 알 수가 없다. 왜냐하면 평상시에는 그렇게 글을 잘 쓰지 않기 때문이다. 확실히 술은 인간의 영혼을 크게 움직인다. 대지와 하늘의 기운을 흔들어 기존의 잠들어 있는 정령(精靈)들을 깨운다. 그리하여 같은 사람에게서 다른 욕망이 나오게 한다.

96

죽고 싶어 하는 사람도 있고 죽지 못해 사는 사람도 있다. 전자보다 후자가 그나마 성실하다. 사는 것이 즐겁다는 사람이 있고 사는 것이 지겹다는 사람이 있다. 전자는 낭만적이고 후자는 비관적이다. 삶에 즐겁고 지겨운 것이 있겠는가. 이는 다만 낭만적인 사람은 희망에 기대고 비관적인 사람은 절망에 기대기 때문이 아닐까 싶다.

97

먹거리가 좋아진 지금 세상에서도 선물은 역시 먹는 것이 첫 번째이다. 몸에 좋은 것을 먹고 싶은 것은 인간의 욕망이다. 입의 중요한 작용은 말하는 것과 먹는 것이다. 말은 나가는 것이고 먹는 것은 들어오는 것이다. 나가는 말은 쓸모 있는 것이 적다. 그러기에 말은 적을수록 유익하다. 입으로 들어오는 것은 생명을 보존해야 하므로 유익한 것을 먹는 것이 좋다. 건강과 수양을 위해서는 입을 절제하여야 한다.

98

자식이 부모를 생각하는 마음은 어떨지 몰라도 부모가 자식을 생각하는 마음은 똑같다는 말이 있다. 그런데 꼭 그렇지만은 않다.

자식은 부부의 관계로 태어난 우연성이지 목적을 가지고 나온 것이 아니다. 물론 아이를 가지고 싶어서 낳는 경우도 있지만 그것도 원하는 모양의 아이는 아니다. 그 수많은 인자 중에서 미리 정해진 것이 아니라 나올 것이 나온다.

단지 부모의 관계가 좋으면 아이들도 예뻐 보이고 사이가 좋지 않으면 미워 보인다. 부모가 자식을 사랑할 때는 어느 정도 자신들의 목적에 아이들이 따라주기를 바란다. 그러나 매사 부모의 원하는 방향과 반대로 가는 아이들에게는 사랑의 무게가 떨어지기 마련이다. 부모가 정신적 결함이 있거나 좋지 않은 습관, 그리고 나쁜 약물을 투여하는 경우라면 서로의 관계는 더욱 악화된다.

자식은 부모가 죽기 전에 볼 수 있는 영생이므로 크는 모습을 보는 것 자체가 기쁨이다. 따라서 그들에게 따로 무엇을 바라거나 희망해서도 안 된다. 사랑으로 대하고 서로의 인격적 관계를 유지하는 것이 최선이다. 그리고 어느 정도 성장을 하게 되면 각자 떠날 곳으로 잘 가도록 인도하고 그 후로도 서로의 관계가 좋으면 그뿐이다.

부모마다 자식을 생각하는 것이 다르고 대하는 것도 다르고 원하는 것도 다르다. 같은 것이라곤 오직 하나, 자신들의 자식이었다는 것이다. 자식이 된 이후로의 모든 상황과 미래는 각자 가야 할 길로 다르게 흐른다. 개인의 의지는 부모자식 간이라도 서로 각자의 길을 가기를 원한다.

자식에게 무엇을 원하는 부모는 종종 "내가 얼마나 힘들게 키웠는데" 또는 "내가 얼마나 사랑했는데"라고 말한다. 자신들의 집착을 아이들이 이루어주길 바라는 데서 나온다. 다만 양심이 있는 부모라면 자식을 사랑으로만 키운다. 이것이 사람들이 말하는 "부모 마음은 다 같다."고 하는 것이다. 그러나 모든 부모에게서 양심이 드러나길 바라는 것은 어려운 일이다. 그래서 사회나 국가가 부모를 대신하는 경우가 생긴다.

99

가장 큰 기쁨과 가장 큰 슬픔은 마음속 감정의 시작은 달라도 얼굴에 나타나는 모양은 결국 같아진다. 마지막에는 눈물을 흘린다. 비록 서로가 다를지라도 눈물이 흐르고 나서야 그 감정들이 안정을 찾게 된다.

100

인간은 세 부류로 나눌 수 있다. 가장 밑에 있는 자들은 어떤 상태에서도 양심을 쓰지 않는 자들이고, 가운데 머무는 자들은 소위 교육이라는 것을 통해서 좌지우지되는 자들이고, 위에 있는 자들은 그 어떤 것으로도 통제되지 않는 자들이다.

101

꿈속에서 아름다운 경험을 한다. 깨어나서 보니 현실은 암울하다. 이렇게 둘의 간격이 크면 클수록 사람은 우울해진다. 이들에게는 꿈이 없든지 아니면 현실이 없든지 하여야 우울함이 사라진다.

102

설사를 자주 하는 사람은 흡수되는 곳이 막힌 사람이다. 변비가 있는 사람은 유연성이 막혀버린 사람이다. 장은 마음의 얼굴이다. 변비와 설사를 반복하는 사람이라면 과민한 사람이다.

103

불은 크면 위험하고 작으면 편안하다. 소심한 사람은 작은 불을 좋아하고 대범한 사람들은 큰 불을 좋아한다.

104

누군가가 신은 죽었다고 말한다면 그는 이미 신의 존재를 인정한 것이다. 신이 있었으니 죽었다고 말한 것이니 그의 안에는 이전부터 신이 존재했다. 신은 죽었다고 하는 것은 신성이 인간으로 통하는 양심과 도덕의 부재를 말한다. 신의 모습을 인간에게서 찾을 수 있는 것은 양심과 도덕이다. 이것이 사라진 시대의 모습을 본 사람은 신은 죽었다고 말한다.

105

일하는 곳에 나가기만 하면 아프다는 사람이 있다. 놀게 해주면 낫는다. 매일 노는데도 아픈 사람이 있다. 일하게 하면 낫는다. 무언가 한 곳에만 있으면 병이 나는 것은 그것이 싫어서다.

한 곳에 머물면서 아프지 않으려면 그 일에 빠져야 한다. 머리를 물속에 처박고 있으면 숨을 쉴 수도, 음식을 먹을 수도, 음식을 들을 수도 없다. 이런 상황처럼 일에 빠져서 열중하나 보면 작은 병을 잊게 된다. 그리고 생각마저 잊게 되면 이미 죽고 사는 것도 자신의 소유가 아닌 것이 된다.

106

일반적으로 공자의 큰 제자는 자공과 자로와 안연을 말한다.

모두 어떤 면으로는 공자보다 훨씬 뛰어난 면모와 재능이 있는 사람들이다. 그러나 다만 공자의 학문 아래로 들어온 제자였기에 공자의 제자들이라고 말한다.

107

마음의 병이 육체의 병보다 더 힘든 것은 세상을 덮고도 남을 괴상한 생각들로 몸속을 가득 채워 영육을 짓누르고 있기 때문이다.

108

가게에 금목걸이와 귀걸이가 걸려 있는데 50퍼센트가 넘게 세일한다고 적혀 있다. 금값이 있는데 저렇게 세일이 되나 생각해보다 깨달았다. 저 속에 금은 얼마 들어 있지 않은 것인데 조금이라도 금이 들어가 있으니 금목걸이, 금귀걸이라고 말했던 것이다. 사람도 인성이나 지성이 1퍼센트만 있어도 사람이라고 하듯이 말이다.

109

"꿈은 이루어진다. 마음의 빛이 꺼지지 않는 한 반드시 이루어진다." 이렇게 말하는 사람은 거의 성공한 사람이다. 그러나 이런 말을 들으며 성장한 대부분의 사람들은 꿈을 이루지 못하고 사라진다. 성공은 운이 좌우한다.

110

"술은 모든 약 가운데 가장 으뜸이다(百藥之長)."라고 말한다. 반면 모든 근심의 원인이 되기도 한다.

111

사람들은 의견이 분분하다. 베개를 베고 자는 것과 그렇지 않은 것 중에 어떤 경우가 더 수면과 건강에 좋은 것인가에 대하여. 베개의 높이는 아주 낮아야 한다든지 아니면 어느 정도 높이는 되어야 한다고 말이다. 이렇게 말하는 대부분의 사람은 자신이 편했던 경험을 바탕으로 주장한다. 왜냐하면 베개라는 것은 자기에게 맞지 않으면 며칠만 따라 해도 아주 불편하기 때문이다. 그런데 상품을 파는 사람들의 대부분은 자신들 것이 가장 좋다고 선전한다.

112

뉴스 1면에 권력자들이 먼저 나오는 일이 잦으면 좋지 않다. 왜냐하면 권력이란 항상 대중의 불안과 두려움을 좋아하기 때문이다.

113

사람이 몇 명만 모여도 서로의 가족 근황과 최근 사회의 문제 등을 이야기한다. 그리고 조금 시간이 지나면서 예전의 이야기를 늘어놓고 과거로 돌아간다. 과거는 이야깃거리가 많다. 좋았던 일도 있겠지만 대부분이 아쉽고 안타깝고 다시 과거로 돌아가면 그렇게 하지 않았어야 할 일들이 많다. 과거의 이야기들은 현실에서 부풀려지고 과장되어 약간의 허세거리로 변하기도 한다. 그러나 사람의 일이란 대부분 정답이 없고 그 중심을 맞추어 살아가지 못하기 때문에 반성하고 후회할 일들이 많게 된다. 다음 생애가 있어 다시 살아도 또다시 지금과 비슷하게 살아갈 것이다.

일이란 언제나 그러하듯이 처음부터 이상하게 풀려 나가기 시작하면 전혀 예상하지 못했던 방향으로 흘러간다. 시간이 지나고 나서야 그것을 알게 되고 더 이상 손을 쓸 수 없는 곳으로 가버린 경우가 허다하다. 그래서 옛것을 본보기 삼아 새로운 것을 알아 나가야 한다고 말하였다.

한 개인의 정신에는 스스로의 욕망이 있다. 큰 풍랑이 없다면 의지를 따라서 가는 법이다. 그러나 사회적 격랑을 만나게 되면 그 큰 흐름에 휩쓸려가기 때문에 개인의 의지대로 살지 못하게 된다. 이것이 일반적인 삶이다.

114
——

자신의 삶 가운데 어떤 시간으로 가장 오래 살고 있는가가 그의 인생이다. 예를 들어 공무원으로 40년을 살았다면 그 사람의 정체성은 그 안에서 찾아야 한다. 사람은 먹고사는 것을 중요시한다. 그래서 생계를 위해서 자기에게 가장 맞거나 아니면 차선으로라도 어느 정도는 보낼 수 있는 곳을 찾아 일하게 된다. 이것을 직업이라고 한다. 직업은 자신의 행위에 대한 보상이 있다. 현세이든지 아니면 과거와 미래이든지 간에 그 보상이 현재의 직업이다.

생계를 위한 직업이 없는 사람은 자유롭다. 자신과 그 주위의 생계에 걱정이 없이 자유로울 수 있다면 그는 자연 그 자체이다. 스스로의 자아가 자연과 하나가 될 때만이 자유롭다고 할 수 있다. 진정한 자유는 죽음조차도 그러하다. 자기 욕망이 향하는 곳을 보면 자신의 직업이 주는 행복의 무게를 알 수 있다.

115

산길을 걷다가 우연히라도 이름 모를 꽃을 본다면 목례라도 하고 갈 일이다. 왜냐하면 어느 수행자의 목에 걸려 있던 생각들이 땅 속에 묻혀 있다가 나온 싹이 피운 꽃일지도 모르기 때문이다.

116

지금 자신의 죽음을 느끼는 것은 의식 속의 타인의 죽음으로부터 자기 죽음을 마주하고 있는 것이다. 죽음의 미소는 은근하게 다가왔다가 사라지지만 기억에 상처를 남긴다.

117

몸은 부지런한데 영혼이 없는 사람은 행복할 수 없다.

118

이유 없이 도움을 계속 주는 사람이 있다면 다시 보아야 한다. 사람은 원래 그런 동물이 아니기 때문이다. 그러나 천성이 그렇다면 성인이 종자를 갖고 있는 사람이나, 큰 사람이다.

119

어떤 사람이 있는데 가는 곳마다 체질을 다르게 말해준 터라 그는 자기 체질을 제대로 알지 못했다. 그렇다면 분명 진단한 사람 중에 한 사람은 바르게 알고, 나머지 모두는 틀린 것이다. 똑같이 한 체질이라 했어도 다를 수가 있는 법인데 하물며 저마다 다르게 말했으니 말이다. 참으로 이상한 감별법이다. 이는 체질을 알려주는 사람의 실력 차이가 크기 때문이다. 맨 위에 있는 실력자 외에 나머지 밑에 있는 자들은 맞거나 틀리거나 수시로 바뀐다.

행위자가 스스로 모르는 것을 알고 있다고 믿는 것은 그 자체로 무지함이다. 학문은 자리가 있으며 깊이가 다르다.

120

체질에 맞는 음식을 권하는 것은 병이 들어 아프거나 몸의 균형이 어긋나 있을 때 조심하라는 뜻이다. 그런 경우가 아니라면 골고루 잘 먹는 것이 좋다. 사람이 먹는 것들은 각 지역이나 인종에 따라 다르긴 하여도 인체에 골고루 영향을 주는 것들이므로 과식하지 않고 정도를 지켜 먹는다면 해로울 일은 없다. 건강과 수명은 어느 정도 타고나는 것이다. 건강을 위한다면서 너무 먹는 것에 집착할 필요가 없다.

121

불안한 인류는 의지할 신앙을 찾게 된다. 새로운 직업으로서의 성직자도 자신의 기호에 맞는 더욱 강력한 신을 원하게 된다. 종교는 진화한다.

122

과학과 의학은 발명이다. 지금까지의 발명으로는 인간이 저 먼 별로 나가기 힘들다. 그곳으로 진출하려면 지금과는 월등히 다른 새로운 것이 필요하다. 그러나 현존 인류의 몸과 지식으로는 불가능하다. 그렇다면 어디에 희망을 걸어야 하겠는가? 바로 신이다. 인간은 스스로 찾은 신에게 부탁하여 새로운 생체가 현 인류에 접합되도록 기도하여야 한다. 이것만이 인간이 저 먼 별을 향하여 갈 수 있는 유일한 방법이다. 그렇지 않으면 별을 바라보며 감탄만 하는 인간으로 영원히 남을 것이다.

123

세상은 두려운 그 무엇이 아니라 분개하여야 할 그 무엇이다. 세상에는 항상 높은 곳에서 추함을 감추고자 웃고 있는 자들이 있다. 이런 악에 맞서 분개하는 것이 참된 분개이다.

124

눈물의 의미는 서로 다르다. 눈물만 놓고 보면 이것이 기뻐서 흘린 것인지 슬퍼서 흘린 것인지를 구별할 수 없다. 사람의 몸에는 열이 감정을 따라다닌다. 열을 따라 눈으로 나온 물을 눈물이라 부른다. 무심히 한참을 보아야 그 눈물의 감정을 알 수 있다.

125

도덕적 인간이나 비도덕적 인간이나 모두 똑같은 인간이다. 행위를 보지 않고 조용한 상태에서 비도덕적인 자와 도덕적인 자를 구별하기란 어렵다.

도덕은 사람이 아니라 사회가 만든 규칙에 대한 행위의 결과로 판단한다. 쌍둥이 형제도 같은 도덕을 가지고 사는 것이 아니다. 운명의 반은 타고나는 것이고 반은 세상의 흐름에 따라간다. 행위는 다르나 결과가 같을 수도 있고, 행위는 같으나 결과가 달라질 수도 있다.

126

몸이 활발한 것도 좋지만 몸에 힘이 빠진 상태로 있는 것도 나쁘지 않다. 단 몸에 힘이 없을 때는 마음을 혼란스럽거나 들뜨지 않게 하여야 한다. 힘이 없는데 마음이 들뜨게 되면 몸이 더욱 상하게 된다. 힘은 없어도 고요히 두면 마음도 따라 고요해져서 고요함의 극치를 맛볼 수 있다.

127
—

스승과 제자는 오래 익어 친구가 되었을 때 비로소 아름다운 관계가 된다.

128
—

죽기 전에 하는 말은 대체로 진실하다. 그러나 더 진실하려면 침묵해야 한다. 죽음으로 건너는 길에서 침묵으로 다른 세계를 이어야 한다. 말은 방해만 될 뿐이다. 남은 자들은 앞선 자들의 침묵을 통해서 경건함을 배워야 한다.

129
—

세상이 내가 생각하는 길로 가지 않더라도 나 개인에 대해서만은 스스로가 책임질 줄 알아야 한다.

3부

영혼의 언덕

백일
묵
상

1~133

1
-

자연인은 그 자체로가 자연인 사람을 말힌다. 산이나 강에서 놀다 보면 잠시는 좋으나 며칠이 지나면 대부분 지루해한다. 이는 도시에 살던 습관 때문이다. 자연에 사는 사람은 자연이 좋을 것도 없고 싫을 것도 없으며, 그 자체로 생활의 터전이고 삶이다.

2

바다는 생명과 마음의 근원이고 역동적이며 슬픔이다. 동쪽과 남쪽과 서쪽의 바다는 같은 바다라도 느끼는 감정이 다르다. 동해는 역동적이고, 남해는 따뜻하고, 서해는 애잔하다. 가끔씩 바다가 보이는 찻집을 찾아서 한참을 머물다 온다. 그러면 삶이 더욱 고와진다.

3

몸이 뜨거운 사람은 흰색의 옷이 좋고, 몸이 차가운 사람은 붉은색의 옷이 좋다. 마음이 우울한 사람은 노란색의 옷을 입는 것이 좋고, 마음이 들뜨며 자주 흥분하는 사람은 검은색의 옷을 입는 것이 좋다. 마음이 늘 가라앉아 있으면 하늘색의 푸른 옷을 입어보자.

4
—

지식이 뛰어난 사람은 그저 아는 게 많은 것이고, 감각이 뛰어난 사람은 그저 감각이 뛰어난 것이다. 또 다른 어떤 영적인 면이 뛰어난 것은 아니다. 이 둘이 조화되어 새로움이 더해지면 비로소 영성과 지성이 뛰어나다고 말한다.

5
—

세상은 곧 새로운 힘이 끌고 갈 것이니
이미 드러난 신은 지하 깊은 곳으로 숨으리라.

6
—

권투경기를 보나 보면 시작종이 울리기 전에 양쪽의 선수가 모두 간절하게 기도하는 모습을 종종 볼 수가 있다. 승리와 안전을 바라며 자신들의 신에게 드리는 기도이다. 그러나 승리는 한편으로 정해지고 간혹 큰 부상으로 죽기도 한다. 그러면 신이 이 둘의 기도 중 하나만을 들어주었기 때문에 이런 일이 벌어졌다고 생각할 수도 있다.

이러한 생각은 신을 현실의 참여자로서 전지전능한 하나의 생명체로 보는 데서 나온다. 그렇지 않다. 신은 경기장 주변에 없다. 그리고 경기를 보지도 않는다. 이는 마치 전쟁터에서 기도한 사람만 죽지 않게 해달라는 억지와 같다.

신은 자신 안에 스스로 존재한다. 사람들은 영원으로 통하는 자신의 양심으로 신에게 자비를 부탁한 것이다. 하지만 경기의 결과와는 관계가 없다. 시합의 결과는 실력과 그날의 운이 좌우한다. 억세게 운이 나쁘면 몸도 크게 다칠 수 있다.

그러나 운동을 해본 사람이라면 상대방과의 짧은 접촉으로도 경기 결과를 어느 정도 예측할 수 있다. 이런 면들이 신으로 통하는 것이다. 그러나 승패는 이와 또 다르다. 패하고도 신에게 기도할 수 있는 자만이 진정 신에게 가까운 사람이다.

7

자주 불안해하는 사람이 있었다. 종교를 찾고 마음이 많이 편해진 것 같다며 좋아했다. 그리고 신경안정제도 같이 복용한다면서 씩 웃는다. 자신을 한 번도 사랑해본 적이 없는 사람은 스스로를 불행하다고 말한다. 그러나 무언가를 열심히 찾고 약도 먹으면서 자신을 사랑하는 사람은 아파도 행복하게 산다. 삶이 불안하고 아프고 나를 속여도 열심히 살아야 한다. 그것이 최선이다.

8
-

가장 핍박받는 사람들과 같이 있는 사람들은 위대하다. 그들에게는 영원히 받을 수 없는 것에 대한 열정으로 가득차 있다. 아무런 보상이 없는 것에 대한 열정이야말로 이들을 행복하게 하는 원천이며 아름다움이다.

반면에 가장 높은 사람들과 같이하는 자들은 불행하다. 그들에게는 영원토록 받을 수 있을 듯한 것에 대한 열정으로 가득차 있다. 보상이 많은 것에 대한 열정이야말로 이들을 불행하게 하는 원천이며 부끄러움이다.

9
—

남자들은 자신보다 고상한 여자를 동경하고, 현명한 여자들은 자신이 노예로 삼을 만한 남자를 사랑한다.

10
—

인류의 역사와 같이했던 오래된 직업 중 하나가 매음이다. 매음은 인류의 욕망의 역사이다. 아마도 인간이 신들과 함께 뛰놀며 살 때부터 있었을 것이다.

11
—

개인은 하나의 세계이자 하나의 우주이다. 사람의 모든 성분은 우주의 것이다. 그렇다고 해서 거대하게 우주의 자식이라 부르지는 않는다. 모두가 존중받아야 된다.

12

슬픔은 광활한 대지에 떨어지는 비와 같다. 우울은 좁은 방에 가득찬 수증기와 같다. 슬픔은 시원하고 우울은 숨막힌다.

13

사회생활을 하면서 매일 하루도 빠지지 않고 술을 마시거나 담배를 피우는 사람을 중독자라고 말하면 안 된다. 중독이 아니라 습관이다. 적어도 중독자 소리를 들으려면 세상을 잊고 술과 담배가 전부여야 한다. 사회와 자신을 버리면서까지 술과 담배가 그의 모든 삶이라면 그는 군말할 것도 없이 중독자이다.

14

중독 중에서 가장 아름다운 것은 진리에 대한 사랑이며, 가장 슬픈 것이 꿈이다.

15

호랑이와 곰이 싸운다면 그들의 싸움터 주위는 엉망이 된다. 그러나 멀리서 이들의 싸움에 돈을 걸고 흥정하는 자들은 많은 돈을 벌어들일 수 있다. 장사꾼에게는 다만 돈이면 된다. 한 나라가 이런 상황에 처해 있다면 안타까운 일이다.

16

임산부는 가공되거나 기름진 음식을 과도하게 즐기면 안 된다. 그러면 배 속의 공생하고 있는 태아가 우울하고 괴로울 수밖에 없다. 배 안에 가두어놓고 좋지 않은 음식을 계속 주어 스트레스로 아이를 학대하는 셈이다. 태아에게 탈출구란 없다. 이런 시간을 보낸 뒤에 세상 밖으로 나온 어린 생명은 질병에 쉽게 노출된다. 불량품으로 모든 것이 만들어졌기 때문이다.

17
—

사람의 몸속에 봄, 여름, 가을, 겨울 같은 것이 있다면, 풀 한 포기 살지 않는 사막 같은 곳도 있다.

18
—

하늘은 숨이고, 땅은 맛이고, 그 사이가 변화이다.

19
—

누군가만 보면 딸꾹질을 하는 사람이 있다. 다른 곳에서는 한 번도 나오지 않던 증상이 꼭 그 사람 앞에서만 나온다면 그에게 숨막히게 하는 그 무엇이 있다는 것이다. 마음이 제집을 떠나 갈팡질팡하다 다시 제곳으로 돌아와야만 비로소 딸꾹질이 멈춘다.

20
—

재미난 일이다. 꿈에 제자의 아들이 나타났다. 전에 내가 이름도 지어준 아이다. 그 아이가 선생처럼 나에게 무언가 어려운 것들을 가르치고 있었다. 전생에 나의 스승이었나 하는 생각이 문득 든다. 그는 제자의 쓸모를 믿고 제 아비를 또 제자로 맡긴 것이다. 아무튼 어찌되었든 간에 전생이 스승의 스승이었던 아이를 자식으로 둔 현재의 아비라면 할아버지 스승의 아비가 되는 것이니 족보가 어려워진다. 꿈속의 허구라도 재미있는 일이다.

21
—

가끔 귀신을 말하는 사람이 있다. 정신과 의지가 튼튼한 사람은 귀신에 대하여 말하지 않는다. 헛것이 보이는 것은 몸에 영양이 부족하고 기력이 쇠약해진 상태다. 허약한 몸의 열이 정신을 소모한다. 귀신은 에너지가 약한 그림자이다.
지나가다가 언뜻 보기에 악마가 입을 벌리며 웃고 있는 것처럼 보였다면 정신이 잠깐 혼미한 것이다. 다시 자세히 보면 정상으로 보인다.

그리고 눈을 감으면 귀신이 보인다는 사람도 있다. 그것은 귀신이 아니라 머릿속 어두운 그림자의 환영이다. 이것은 누구나 보려고 하면 보인다. 귀신은 신기루와도 같으며 약한 에너지이다.

22
—

심장에 열이 쌓이면 웃음이 계속 나온다. 심장에 열이 쌓이다니 이게 무슨 소리인가? 심장은 마음의 상징이다. 가끔 마음의 상처를 받고서 심장이 깨어지는 듯이 아팠다고 말하는 사람도 있다. 몸의 열이 이곳에 몰려들어 다른 감정을 실낱머리면 계속 웃는다. 감정의 위험한 적색경보이다. 이성의 차가운 얼음으로 식혀야 제 감정이 돌아온다. 다시 돌아올 감정이 두려우면 그대로 두는 것도 좋다. 평생 화만 내고 웃을 일이 없는 사람이라면 말이다.

23

눈을 감고 회전의자에 앉아 마음으로 조용히 말해본다. 내 몸이 좌측으로 돌아간다. 내 몸이 우측으로 돌아간다. 이렇게 마음으로 말하면 실제로 몸은 마음의 명령에 따라 도는 것을 느낄 수 있다. 그러나 눈을 떠보면 그대로 제자리이다.

의식은 거짓된 모든 입력도 진실로 착각하게 만드는 재주가 있다. 외부의 대상에 대한 내적 판단이 모두 옳다고 생각하는 것에는 언제나 오류가 있다.

24

어떤 사람들은 신에게 감사하기 위해 신앙의 건물을 짓는 데 헌금한다. 무엇을 꿈꾸는 자들은 기도하기 위해 건물을 찾고 누구는 운영을 위해 돈을 걷는다. 건물은 이들의 발걸음으로 분주하다.

서쪽의 태양을 보려면 서쪽에 창을 내면 되고 동쪽의 태양을 보려면 동쪽으로 창을 내면 된다. 각자의 삶은 자기가 해야 할 일을 하면서 지나는 생을 맞이한다.

신도 이런 것을 즐겨 인간과 함께 한다. 인간은 자신이 바라보는 신의 한 면만을 보는 것이고 이것이 그의 신이면 된다. 그 정도가 우리에게 허락된 신의 모습이어도 내 생애에 볼 수 있는 신에게 감사해야지 않겠는가?

자! 우리 같이 기도를 하세. "전능하시고 침묵하시고 영원히 감추어 계신 신이시여! 아무 일도 하려 마시고 저희를 위해 항상 언제나 영원히 그곳에 머물러 주소서. 알 수 없음 그것만으로도 저희들은 만족하고 기쁘나이다."

25

몸이 추워서 마음도 추운 사람이 있고, 마음이 추워서 몸도 추운 사람이 있다. 누가 더 추운 사람인지는 모르겠다.

26

예수의 사상은 불과 같고, 공자의 사상은 나무와 같으며, 부처의 사상은 쇠와 같고, 노자의 사상은 물과 같다. 불은 타오르고 나무는 어질며 쇠는 단단하고 물은 유연하다.

27

최악의 범죄를 저지른 자를 두고 그 형벌로 사형을 쓸지 그렇지 않을지를 결정하는 것은 법의 화두이다. 죄에 앞선 인간의 기본적인 성품과 죄가 형성된 환경과 신에 근거한 존엄성을 어떻게 보느냐에 따라 결과는 다를 수 있다.

28

최고의 시와 음악과 의학은 인간에게 있어 과분한 선물과도 같다.

29

글이나 악보를 한없이 쓸 수 있다면 이는 하늘이 내린 재주다. 이런 사람들의 영혼은 지상의 것이 아닌 천상의 것이다. 이런 것들은 차원이 높아 인간에게 맞지 않는다. 모든 것을 마음으로 쓰는 사람이 있다. 인간적이라고 말한다. 인간적인 것에는 사심이 없어야 아름답다.

30

다섯 살 먹은 아이와 구십 먹은 노인이 "죽음은 하나도 두렵지 않아요."라고 말한다면 누구의 말이 더 진실한 것인가? 타인의 죽음을 거의 보지 못한 아이가 죽음을 알 수는 있는 것일까? 아이들은 대체로 죽음에 초연하다. 자신의 죽음보다 자신을 애처롭게 바라보는 부모에 더 관심을 가진다. 반면 노인들은 의식이 사라지지 않는 한 죽음에서 자유로울 수 없다. 두려운 것은 죽음이 아니라 타인에 대한 기억이다.

31

대지의 공기는 춥거나 덥거나 건조하거나 습하거나 바람이

불거나 따뜻한 것들이 반복하는 것 외에는 없다.

32

멀리서 본 예쁜 꽃, 달려가 가까이 보니 많이도 지저분하네.
멀리서 본 초라한 꽃, 가까이 가서 보니 무척이나 예쁘네.

33

손이 차갑거나 따뜻한 것은 마음과 상관관계가 없다. 손이 따뜻하다고 해서 마음도 따뜻하거나 손이 차다고 해서 마음도 차가운 것이 아니다. 물론 반대도 아니다. 마음과 관련이 있는 것은 손의 온도가 아니라 손의 행위이다.

34

청춘은 아름답거나 슬프다거나 그렇다고 아픈 것도 아니다.

청춘은 꼭 젊은 시절만을 뜻하는 것도 아니다. 열정적이며 두려움이 없고 순수한 마음이 있다면 그 사람은 언제나 청춘이다.

35

정신의 뿌리는 인체의 중심인 비위(脾胃)에 있다. 아니꼽거나 싫어하는 것에 대해서 정신이 잘 버티는 것을 비위가 좋다고 말한다. 뇌와 비위는 서로 공생하는 동업자이다.

36

마음이 병들면 무력해진다. 몸이 병들면 의지가 약해진다. 마음과 몸이 건강하고 튼튼하게 잘 조화되어 있어야 인생이 온화하다.

37

탁한 기름에 튀긴 음식과 증류한 독한 술을 자주 같이 먹는 사람은 몸의 소통하는 구멍들이 서서히 막힌다. 그러면 인체의 기혈이 승강출입하지 못하고 큰 병에 걸리게 된다. 병이 오기 전에 담백한 음식 위주로 식생활을 바꾸고 정신을 맑게 하는 것이 이롭다.

38

사람과 사물을 대하면서 생각과 기억을 쓰지 않고 대할 수 있다면 도인이다. 그러나 이런 사람은 사회생활에 어려운 것들이 많아 오해를 받거나 따돌림을 당할 수 있다. 이런 사람은 산 속에서 자연과 사는 것이 좋다.

39

평생 화를 한 번도 내지 않고 사는 사람은 없지 않을까 싶다.

만일 있다면 장애이거나 사람이 아닌 사물에 가깝다.

40

석가모니가 깨달음에 이르는 과정에서 가장 중요시한 것은 호흡이다. 호흡은 사람의 몸을 유지하는 기운의 우두머리이므로 이것을 먼저 잘 다스려야 한다. 어떤 상황이 와도 일정한 호흡을 유지할 수 있다면 그는 이미 높은 경지에 와 있다.

41

학문을 베푸는 것이 얕으면서도 넓고, 작으면서도 크고, 하나를 말하여서 백 가지를 알게 한다면 이는 위대한 것이다.

42

그리운 것들을 그대로 오래 방치해두면 수분이 말라 고목이 된다. 세월이 지나 그리움이 고목이 되었음을 안다. 그러나 그런 그리움을 내면에 두고 있는 사람은 많지 않다. 왜냐하면 사람들은 그리움을 그대로 두지 않고 삼킨 눈물로 모두 썩게 만들기 때문이다.

43

평일 점심시간에 콜라 한 잔을 들고 영화관에 들어간다. 운 좋은 날이면 그 넓은 영화관을 혼자 차지하고 황제처럼 관람을 할 수도 있다. 일반 사람들이 재미가 없다고 느끼는 영화일수록 가능성은 높아진다. 보통 사람들은 재미있는 대중적인 영화에 몰린다. 그러니 홀로 조용히 영화의 맛을 느끼고 싶다면 원작이 있는 예술영화 같은 것들을 한가하게 보는 것도 좋을 것 같다.

44

산에 오르면 물소리, 새소리, 바람소리 같은 자연의 소리에 즐거움을 느낀다. 그러나 산에 오르다 보면 예의가 없는 행동을 하는 사람들이 있다. 취객이나 무지한 사람들의 행동은 주위를 불편하게 한다. 공자는 어진 사람이 산을 좋아한다고 말했다. 여기서 어진 사람이란 오만을 극복하고 예의를 회복한 사람을 말한다. 산을 품으려는 자는 산의 마음을 따라야 한다.

45

지능은 타고나는 것이다. 그러나 지성은 만들어진다. 다만 어떤 사람의 영향을 받느냐가 관건이다.

46

학문의 가장 높은 자리에 오르고 싶다면, 시작은 그런 자리에 먼저 가본 스승 밑에서 수련하는 것이고 끝은 자신을 극복하는 데 있다.

47
—

학문이나 예술의 완성도가 높으려면 오랜 시간의 숙성이 필요하다. 그 과정에서 오는 몇 번의 깨달음이 그를 최고에 이르게 한다. 깨달음이란 진리를 통한 뜨거운 기쁨이다.

48
—

천재는 자신이 할 수 있는 모든 것을 쏟아내고 영혼의 마지막 찌꺼기마저 고갈되어 더 이상의 창조성이 보이지 않으면 미치거나 자살을 택한다. 그러기에 일반적인 직업으로서의 예술을 하는 사람은 천재를 흉내내면 안 된다.

49
—

천당과 지옥, 영원과 불멸, 이런 것들은 믿는 사람들의 마음에만 자리 잡고 있는 특별한 공간이다.

50

혈관의 압력이 너무 높거나 너무 낮으면 자신의 욕망을 실현하기 어렵다. 높거나 낮은 것의 양편에 치우쳐 있다는 것은 한편이 부족하다는 것이니 몸의 능력이 정상 이하로 감소한다.
나이가 들면서 혈압은 자연적으로 오르는 경우가 많다. 모든 것에 대한 유연성이 떨어지고 굳어진다. 몸과 정신을 굳게 하는 원인이 되는 것을 덜어내면 대부분 정상으로 돌아온다. 그래도 정상의 범주에서 멀어져 있으면 유지하는 약을 먹으며 혈압 자체를 잊고 사는 것이 좋다.
이것에 집착하지 말고 평상의 생활대로 하면서 욕망을 줄이는 것이 최선이다. 몸에 간섭을 하지 않으면 몸이 제 수명대로 살다 간다.

51

몸은 덕의 틀이며 인격의 집이다. 몸이 망가지면 영혼은 혼란스럽고 인격과 덕은 무너진다. 몸에 고문을 심하게 가해도 품위를 잃지 않는 사람이 있다면 이는 군자의 틀이다.

52
—

실력이 좋다는 것은 좋은 기술을 갖고 있다는 것이며, 훌륭하다는 것은 좋은 인격을 겸비한 것이다. 직업을 오래 유지하려면 이 둘을 꼭 갖추어야 한다.

53
—

종교인이 사회의 일반적인 사람들이 좋아하는 것을 탐한다면 직업을 바꾸는 것이 좋다. 모든 것의 시초는 욕망이다. 사회적 욕망을 갈구하는 사람은 사회에 살고 종교적 욕망을 갈구하는 사람은 종교 안에서 살아야 한다. 종교인이 욕심이 많아서 모든 것을 다 가지려 하면 안 되는 것이다. 같은 행동을 하여도 더 천박하고 얼룩져 보인다. 종교인은 모름지기 수행자의 길을 걸어야 하며 진선미에 근접한 것을 추구할 때만이 아름답다.

54

알약을 한 주먹씩 먹는 사람들을 보면 마치 무너지는 집을 지탱하기 위해 임시로 나무나 돌을 받치는 것과 같다. 깔끔하게 고쳐서 새집처럼 살면 되는데 그러질 못하니 임시방편으로 그리 하는 것이다. 낡은 집에 사는 사람은 집이 무너질까봐 항상 두려움 속에 산다. 이 두려움을 없애는 좋은 방법은 집을 잊는 것이다. 고칠 수 없다면 이것이 최선이다.

55

건물은 살아 있는 건물이어야 한다. 건물에 들어오고 나가는 사람들이 활발하게 오가면 건물은 살아 있는 것이다. 지성이 높은 사람들이 많이 드나든다고 해서 건물이 지성적이지는 않다. 그래도 사람들이 그 건물을 말할 때는 지성인들이 모이는 집이라고 호칭을 한다.

사람의 몸도 이와 같아서 영혼이 자연과 교류하며 활발히 오가야만 살아 있는 집이 된다. 살아 있기는 한데 질투와 화냄과 탐욕만이 오가는 곳이라면 좋은 집이 될 수가 없다.

56

젊은 나이에 무주 적상산의 절에서 머물렀던 적이 있다. 주지스님이 법당의 기와가 허물어졌으니 좀 도와달라 하여 사다리를 지붕에 걸치고 진흙을 개어 함께 기와를 올리는데, 마치 지상에서 하늘로 법을 잇는 것 같은 기분이었다. 때는 한여름이라 파리가 기승을 부리고 더위도 한창인지라 땀이 비 오듯 하였다.

그런데 지붕 위에서 아래를 보니 주지스님이 일은 하지 않고 부채질하며 파리를 잡으려고 찐득이 같은 것을 걸어 놓는 것이다. 이윽고 파리들이 붙어 사경을 헤매었다.

그래서 스님에게 "스님이 되어 그렇게 살생을 해도 되겠습니까?" 하니까, "이것은 살생이 아니라 극락으로 인도하는 보시다."라고 말하는 것이다. '세상에! 파리 목숨이라더니, 이런 것을 이 스님은 보시라 하는구나.' 생각했다.

스님을 지칭하는 한자인 승(僧)이나 파리를 뜻하는 승(蠅)이나 같은 소리이다. 스님이 현재의 몸을 가볍게 여기는 것이 마치 파리를 보는 것과 같아 마음이 씁쓸했던 기억이 있다.

일찍이 시인 조동탁이 상원사에 있을 때 스스로를 속인도 아니고 그렇다고 스님도 아니니 승(僧)에서 사람(亻)을 뺀 증

(曾)이라고 말했던 기억이 난다. 이 스님은 자기 말로 한때 목사였다가 중이 되었다고 한다. 이 법도 아니고 그렇다고 저 법도 아닌 가운데 외물(外物)인 법당에는 관심이 많았다.

57
—

인간은 자신을 파괴할 수 있으나 다시 창조할 능력은 부족하다. 스스로 자신이라고 여기는 나의 파괴는 개인의 몸과 정신의 소멸이다. 이는 자연에 합류하면서 본성을 잃는다. 파괴되지 않는 영혼이라야 차원이 다른 곳으로 나아갈 수 있다.

58
—

편협한 감정에 지배되어 스스로의 인생을 마감하는 사람들은 불행히디. 이 사람들은 자신의 감성으로 이성을 마비시킨다. 죽어서 대지의 어느 곳도 좋아하지 않으리라.

59

"우리는 그물을 칩니다. 사람들은 그 그물에 들어오고 그물에 들어오면 다시는 그물 밖으로 나가질 못합니다. 그러므로 그물 밖은 잊어야 할 세계입니다. 이 안이 바로 그들의 신세계이지요. 이곳은 정신병동입니다. 새로운 정신이 나에게로 와서 정신이 되면 정신은 곧 내가 되고 이전의 세상은 사라지는 겁니다. 이것이 이 세계를 이끌어 가는 정신입니다."
이렇게 누군가가 말한다면 보통 제 정신이 아닌가 보다고 이상하게 생각할 것이다.
대처가 영국의회에 처음 들어갔을 때 다른 의원으로부터 처음 들은 말이 "정신병동에 들어온 것을 환영합니다."였다고 한다. 정치는 중독성이 강하고 자기만 보는 자들의 특별한 세계이다. 싸움을 즐기며 대중의 헌신과 무지를 요구한다.

60

가끔 새로운 요리를 한다면서 생색내는 남자보다도 매일 가족의 식사를 묵묵히 준비하는 아내가 멋있다. 멋은 무심한 데서 나온다.

61

결혼 후에 아내의 간청으로 세례를 받았다. 이전에는 불교와 실존철학 등에 심취해 있었다. 그동안 자세히 읽어보지 못한 신약성서를 세 번 정독하고 세례를 받았다.

새로 받은 세례명이 바오로이다. 사람들은 가끔씩 나를 바오로라고 부른다. 다른 이름의 바오로가 된 것이다. 이후로 사도 바울을 연구했다. 한철을 바울과 함께 지내고 드디어 바울과 영적으로 하나가 되어 본다. 영적으로 하나 된 경험은 특별함이 보편성으로 변함이다. 마침내 바울에게로 정신이 쏠리는 것이 사라진다.

이후로 바오로라는 호칭에 익숙해진다. 이끼가 낀 거울에 비추어 보듯이 희미하게 보지만 바울이다. 나중에 그때에 가서는 얼굴을 맞대고 볼 것이다.

62
—

종교와 신앙에 관련된 분야에 있는 사람들 중에는 인간의 본성을 잘 알지 못하는 사람들이 있다. 그럼에도 불구하고 그들에게 정신을 맡긴 사람들의 대부분이 그들의 노예로 산다. 스스로의 정신을 버리고 노예가 됨을 기꺼이 받아들인다. 무지란 이럴 때에 쓰는 말이다.

63
—

어린이는 세상에서 가장 존경받아야 한다. 어린이가 있기에 어른들의 못된 생각들이 희석된다. 아이들은 순수하게 자연으로 산다. 정신적 사상이 이미 갖추어진 상태의 행위로 존경받는 것은 사회적 잣대이며 너무 작위적이다.

64
—

예전의 일이다. 새벽에 선생님께서 산책하자고 부르셨다. 밖으로 나가서 같이 산책을 하며 이런저런 이야기로 즐겁게 보냈다. 어느 정도의 시간이 지나자 선생님께서 "나는 이제 떠날 것이니 잘 있어라." 하셨다. 손을 흔들며 떠나는 선생님의 뒷모습을 보다가 눈을 떴다. 꿈이었다. 그날 선생님께서 돌아가셨다는 부음을 들었다. 시간대를 따져 보니 내가 꿈에서 깬 몇 분 뒤였다. 세상에 이런 일도 있나 싶었다.

우리가 알지 못하는 세계를 말하고 싶지는 않으나 다만 인간의 무의식적 세계라는 것은 불가사의한 면이 있다. 영적으로 맑은 상태의 잠에서도 영혼이나 혼백이 흩어지지 않고 그대로 나타나는 경우가 종종 있다. 시간이 멀어질수록 그 기운은 쇠약해진다.

65

핸드폰이 밤 12시가 되자 갑자기 제로 상태로 되면서 꺼진다. 전력이 모두 소모된 줄 알고 새로운 배터리로 교체했는데 100% 표시가 뜨더니 바로 제로 상태가 되면서 핸드폰이 또 꺼졌다. 옆에 같이 있던 제자의 핸드폰은 정상으로 멀쩡했다. 별일이 다 있구나 생각하고 잠이 들었는데, 익히 알고 있던 망자의 혼백이 나타났다. 자신들이 지금 고난에 처해 있으니 원 상태로 회복시켜 달라는 신호를 보내고 사라진다. 눈을 떠보니 꿈이다.

다음 날에 배터리를 다시 넣었더니 핸드폰이 정상으로 돌아갔다. 이는 배터리가 끊어질 정도로 가까이 왔던 혼백을 경험한 사례이다. 영화에나 나올 법한 일들이 현실에 있다는 것은 우리가 아는 현실이 다가 아니라는 것이다. 그러나 이런 일들을 파보려고 붙잡고 있는 것은 허망한 일이다. 삶 다음의 일은 그 후에 일일 뿐이다.

영계에서 선을 넘어온 것에 대하여는 잠시의 접촉으로 끝내는 것이 좋다. 파도가 세면 물이 둑을 넘어오기도 하지만 이내 잠잠해지면서 물은 대지에 흡수된다. 그러나 만일 거대한 파도가 둑을 무너뜨릴 정도로 강한 힘으로 밀려온다면 많은 손상이 올 것이다. 정신과 의지가 약하면 이와 같게 된다.

66

과도한 절제는 병이다. 정도에서 벗어나지 않기 위해 과하게 애쓰고 조절하는 것은 몸과 영혼에 긴장을 주며 평화를 깨뜨린다. 과한 절제는 무겁고 음울하고 행복하지 않다. 왜냐하면 스스로를 조이다 보면 다른 것이 미치지 못하기 때문이다.

67

매일 술을 마시려면 몸에 대한 걱정은 버려야 한다. 생사(生死)와 시공(時空)을 잊어야만 매일 마실 수 있다. 이래야 진정 주계(酒界)의 신선이라 할 수 있다. 다만 건강하게 오래 살기를 욕망하는 사람이라면 술은 가급적 멀리해야 한다.

68

"마음이 몸의 늙음을 따르지 못할 때 우리는 종종 열병을 앓는가 봅니다."라며 중년의 한 제자가 한탄을 하였다. 여기서 말하는 열병이라는 것은 감기로 열이 나는 것도 아니요, 사춘기에 사랑하는 상대가 그리워서 몹시 흥분되어 생기는 열병을 말하는 것도 아니다. 단지 몸과 마음이 동행하지 못하고 평형이 깨진 듯함을 비로소 느끼고 몸이 아프면서 나는 열병을 말한다.

어린 아이가 태어나서 성장기에 큰 열병을 몇 번 앓는 것은 굳세고 씩씩한 틀로 바꾸는 변화다. 나이 오십이 되어 오는 열병은 성했던 몸이 시들어가면서 노년의 틀로 바뀌는 변화이다. 초년의 열병이 즐겁고 기쁜 것이라면 중년의 열병은 쓸쓸하고 슬프다.

그러나 가만 생각해보면 꼭 그럴 일만도 아닌 것 같다. 노년으로 가는 길목에서 열병을 앓음으로 해서 인생에 대하여 다시 한 번 생각해 보기도 하고, 죽음과 버림에 대하여 좀 더 친근하게 들여다보고 익숙하지 않음으로 들어가는 것이 자못 설렐 수도 있는 법이다. 즉 마음이 늙음을 따르지 못해 열병을 앓는 것이 아니라 늙음을 맞이하는 격렬한 감정들이 부딪혀 열병이 되는 것일지도 모를 일이다.

몸이 늙으면 손발이 차가워지고 마음도 식는 법인데 열이라도 나서 후끈해짐에 감사해야 할 일이다. 늙음이 젊음보다 좋은 것이 있다면 느림에 기대어 세상을 관조할 수 있다는 것이다. 노년의 시계가 빨라질수록 지혜의 본질은 깊어진다.

69

맑은 날 밤에 높은 산위나 강가에서 하늘을 보면 감탄이 절로 나온다. 도시에서 볼 수 없었던 수많은 별들을 보며 마음속 깊은 곳에서 뜨거움이 솟아오른다. 저 별들을 보면 인간도 저 곳으로부터 왔을 것이라는 느낌이 든다. 그 무엇이 저 별들로부터 지구로 던져져 선물 보따리 풀어놓듯이 한 번에 확 뿌려진다. " 자! 선물이다."라고 외치며 말이다.

외계에서 수정된 미세한 생명체들이 보따리가 풀어지면 대지와 바다에서 힘차게 깨어난다. 이 선물 보따리를 지구까지 싣고 온 힘은 아마도 욕망하는 생명들의 의지가 아닐까 싶다.

70

인간이 마지막까지 추구해야 할 것은 아름다움이다. 인간은 스스로 동물의 으뜸이라 여긴다. 악함을 쓰지 않으며 스스로가 사랑일 때만이 으뜸이고 최고의 아름다움이 나온다. 내일의 일을 알 수 있는 사람이 있다면 그의 의지는 자유다. 그런 자유 의지란 인간에게 기대하기 어렵기에 사랑으로 감싸야 할 것이 바로 인간이다.

71

술을 소량이라도 자주 먹게 되면 암에 걸릴 확률이 높다는 연구가 나왔다. 이런 연구는 자주 결과를 달리한다. 그러니 너무 믿을 것도 못된다.

술은 발효한 것으로 형체가 없는 기운이다. 물론 몸을 어지럽히는 성질을 갖고 있으며 독성도 있다. 그러나 땀을 빼거나 물을 많이 섭취하여 소변을 잘 나오게 하면 된다. 발효물질인 적당량의 술은 몸에 아무런 장애를 주지 않고 배출하게 돼 있다. 그러나 습관적으로 탁하고 기름진 음식 등을 술과 같이 먹게 되면 이것이 몸에 쌓여 다른 작용으로 암을 유발한다. 그리고 그 사람의 내인적인 문제까지 더해지면 더욱 가중된다.

다만 도수가 높은 술은 자주 마시게 되면 원기가 쉽게 손상되고 몸의 에너지원이 상하며 수명을 감소시킬 수 있다. 그러나 적당한 도수의 소량의 술이라면 기혈의 순환을 촉진시키고 잔병을 없애주니 몸에 이롭다. 암의 원인은 바이러스나 잘못된 인연에서 찾아야 한다.

72

탐욕이 많은 사람은 이기적인 사람이고, 화를 잘 내는 사람은 저력이 부족한 사람이고, 분별이 없는 사람은 지혜가 막힌 사람이다. 이런 사람들이 고집까지 있으면 주변에 피해가 온다. 강한 지성과 판단력과 온유하고 이타적인 마음이 모여 한 사람을 이루면 대인군자라 부른다. 그러나 이런 사람들은 보기 드물다. 인류의 어떤 독특한 부류이다.

73

어린 아이에게 부모들이 자주 묻는다. "엄마가 좋아? 아빠가 좋아?" 이런 질문을 하는 부모들은 대체 무슨 답을 듣고 싶어서 이러는 것일까 생각해보면, 첫째는 그냥 재미로 한다. 아이가 분별력이 생겼는가를 알아보려는 것이다.

둘째로는, 실제로 아이가 누구를 좋아하는가를 알고 싶은 것이다. 대개 본인이 상대보다 아이에게 더 잘해주고 있다고 생각하는 사람이 묻는다. 그것도 상대방이 있는 데서 묻는데, 이는 상대방도 아이 말을 듣기를 원함이다. 공치사라도 듣고 싶은 것이니 이 얼마나 불쌍한 행동인가.

셋째는, 아이에게 자신들이 부모라는 것을 주입하는 것이다. 자신들이 부모이며 이렇게 잘 키우고 있는 것이니 뇌리에 새기어 영원히 기억하라는 것이다. 이것이 언어를 쓰는 인간의 유희이다.

어리고 순수한 아이는 자신에게 잘하는 부모 중에 한 명을 더 좋아한다고 말하지만, 좀 더 커서 영특해지면 눈앞에서 먼저 묻는 사람을 좋아한다고 하거나 둘 중에 자신이 얻을 것이 많은 사람을 먼저 말한다. 그러나 바로 대답을 하지 않는 아이는 인간세계에 관심이 없거나 아니면 부모보다 더 나은 아이이다.

74

매달 벌어들인 돈을 자신은 써보지도 못하고 다시 세상으로 빼앗기는 생활을 하는 사람에게는 인생에 즐거움이 없다. 세상의 그물에 갇힌 노예다. 세상에 있는 한 그에게 달리 탈출구도 없다. 이것이 그의 업이라 말하기에는 너무나 슬프다. 달리 벗어날 수 없다면 그래도 즐겨야 한다. 금전으로가 아닌 다른 즐거움을 찾아야 한다. 그 최선이 주는 행복이 삶에 기여하는 바가 깃털의 무게만도 못하다 해도 말이다.

75

아침에 일어나서 마시는 물은 탁한 것을 몸에서 내보내고, 한낮에 마시는 물은 혈액을 돌게 하며, 저녁에 마시는 물은 울체를 풀고 마음을 안정시킨다. 그러나 물의 본성은 냉한 것이므로 몸이 찬 사람이 많이 마시는 것은 좋지 않다. 이런 사람이라면 맹물보다는 따뜻한 성질의 재료를 우려내서 마시는 것이 좋다.

76

배고플 때만 먹고 부지런히 일한다. 스스로 노동하여 이분 것으로만 의지하여 산다. 그리고 불필요한 일로 시간을 소모하지 않는다. 우리들의 아버지가 살아온 길이다.

77
—

인간의 다양성은 무언가에 미친 데서 나온다.

78
—

약한 것은 소멸되고 강한 것은 드러나며 더욱 강한 것은 감춰져 있다.

79
—

높은 직으로 올라갈수록 두려워하는 사람은 공명한 사람이고, 낮은 직으로 내려갈수록 두려워하는 사람도 공명한 사람이다.

80

술을 자주 마시는 사람은 두부와 같이 먹으면 좋다. 심한 노동을 하는 사람은 퇴근 후에 한 잔의 술을 따뜻하게 마시면 좋다. 생각이 많은 사람은 좋은 차를 자주 마시면 좋다. 죽음이 임박한 사람은 따뜻한 미음으로 입을 축이고 서서히 곡기를 끊어야 한다.

81

문학을 하는 사람 중에 섹스하면서 죽는 것을 최고의 죽음이라고 말하는 사람들이 있다. 사후의 세계까지도 욕망을 끌고 가려는 사람이다.

82

결혼한 남녀가 한철을 같이 보내고도 가까워지지 못한다면 서로의 자아가 너무 강한 것이다. 강하고 완고한 것은 악이다.

83
—

파괴를 즐기는 인간의 역사에서 최선의 길을 만드는 것은 정의로움이다.

84
—

신이 있어서 지상의 가장 뛰어나다고 여기는 사람에게 말한다면 이렇게 말했을 것이다. "너는 나를 절대 모른다." 그러면 뛰어난 자가 이렇게 말할 것이다. "그것을 알고 있다면 앞으로도 절대 나타나지 말고 숨어 계세요."

85
—

최상의 색(色)과 음(音)과 언어(言語)로 자연의 실상을 드러낸다. 실상은 하느님이고 악마이고 욕망이다.

86

살다 보면 점점 삶에 대한 희망이 사라진다. 사라지는 희망들은 모든 생명이 시작하는 곳으로 다시 돌아간다. 되돌림이다. 기억이 없는 영혼들은 이런 보잘것없는 희망을 가치 있는 희망으로 받아들인다.

87

가끔씩 라디오 MC가 하는 말에 귀를 기울이게 된다. 몇몇 사람들은 시작하는 말을 스스로 써가지고 와서 읽는다고 한다. 이런 사람의 방송을 듣는 시간은 즐겁다. 왜나하면 왠지 모르게 마음에 와닿기 때문이다. 분명 글을 쓸 때 고민을 많이 해서 쓰지 않았을까 싶다.

사람들이 평소에 고민하는 것들과 느끼는 것들, 그리고 희망하는 것들은 어느 정도 비슷한 경우가 많다. 여기에다 스스로가 고민을 해서 쓴 글이라면 청취자의 마음에도 더욱 진실하게 다가오는 것이다.

대부분의 경우는 다른 작가가 써준 글을 생각 없이 그대로 읽는 경우가 많은데, 매일 자신이 쓴 글로 청취자를 대한다는 것은 매우 성실한 것이다. 타인을 대하는 자세가 겸손하고 예의가 있는 MC이다. 이런 사람들이 들려주는 이야기는 평범한 하루를 새롭게 만들고 행복하게 한다.

88
—

산길을 걷다 보면 지상으로까지 힘차게 솟아나온 뿌리를 가진 나무들을 본다. 오랜 세월의 풍파를 견뎌내고 강인하게 살아온 나무야말로 인간이 기다림의 미덕을 배울 가장 가치 있는 존재다. 이런 나무들이 많은 곳을 지날 때면 이들이 내는 소리가 들린다. 고요함 속에서 장중하고 아름다운 음악 같은 말들이 들린다. 서로의 약속된 언어는 아니나 분명한 말이다. 이 말들은 우리의 내부로 들어와서 나를 가르친다.
큰 나무를 안고 있으면 어릴 적 할아버지 품에서 느낀 것과 비슷한 냄새와 포근함과 연륜을 느끼게 된다. 나무를 가까이 하는 사람은 자연에 가까운 사람으로 순수하다. 그리고 존재의 근원에 감사할 줄 아는 겸손한 사람들이다.

89

스승이 자기가 평생 기록한 것들을 제자에게 주면서 이것을 맡아 후세에 전할 사람은 바로 너밖에 없다고 말한다면 그의 학통은 그 제자로 인해 전해지는 것이다. 뛰어난 제자가 수없이 많더라도 이런 역할을 하는 제자는 따로 있다.

90

여자가 종교나 취미에 너무 깊이 빠지면 여성성이 반으로 감소되고 여기에다 나이까지 먹게 되면 겨우 남은 여성성마저 상실하게 된다. 남자도 마찬가지다. 부부관계에서 사이좋게 지낼 수 있는 방법은 오직 배려뿐이다. 삶의 동행자로서 본다면 좋은 사이를 지속할 수 있다.

91

삶이 더할 수 없이 끔찍하고 슬픈 것은 삶이 주는 갑작스러운 단절과 유한성 때문이다. 그리고 이 비참함을 행복으로 바꿀 수 있을 만큼 존재하는 것들은 오래가지 못한다. 지성과 감성과 모든 자신의 소유를 덜고 덜어 비워내야 한다. 온 정신과 의지가 가벼워지면 이러한 비참함에 쉽게 수긍하고 관대해질 수 있다.

92
—

운명과 기적이 맹목적이라 하여도 끊임없이 일관되게 갈구하는 사람은 순간 에너지가 집중되어 그에게 온다. 그리고 그 이후의 사건이 방향성이 없다 하여도 문득 얻는 결과가 있다. 이것이 지상의 인간과 사물의 연계이다.

93
—

인간의 변혁은 상속받은 광기와 탐욕에서 나온다. 처음 인간에게 상속을 준 이는 누구도 알 수 없다.

94

고백성사를 하면 죄가 탕감되는가? 하느님을 믿는 자에게는 그렇다.

누가 죄를 지우고 뭉개는가? 교회 안의 양심이다.

그러면 하느님을 믿지 않는 사람은 누가 탕감하는가? 자신의 양심이 한다.

죄를 짓고서도 양심이 없어 가책을 느끼지 못하는 사람은 무엇이 대신하는가? 양심은 없는 것이 아니고 깊이 가려진 것이다.

그러면 그곳에서는 누가 교화하나? 다시 스스로 한다.

자연은 생물인가? 그렇다.

나의 표본인 타인이 없는데도 교화가 되는가? 기억된 표본의 타인은 양심의 회복에 도움이 안 된다. 스스로의 안에서 새로 태어나야 한다.

새로운 정신인가? 여러 번 죽고서 깨달은 의지다.

95

증류주를 독하게 마시면 몸 안이 모두 말라버린다. 짧은 시간 안에 되살릴 수 없다. 되돌아올 시간을 기다려야 한다. 되돌아와도 이미 이전의 것은 아니다. 머릿속이 안개가 자욱하다. 마치 증기가 퍼지듯 말이다.

영혼의 양식은 물이다. 맑은 물을 수시로 마셔야 한다. 더워진 머리를 냉장고에 처넣을 수도 없다면 자연으로 나가 증증한 열기를 바람에 날려야 한다. 자연이 주는 물이 가득한 과일을 많이 먹어야 한다.

96

선은 세상에 홀로 존재하지 않는다. 선이 있다는 것은 악이 같이 등을 대고 있다는 것이다. 행위의 악은 세상에서 다루겠지만 선악의 본성에 있어서는 순수한 악도 순결하다.

97

인간은 모두 가면을 쓰고 살아간다. 인간이 쓰고 있는 가면의 두께는 사람마다 다르다. 인간이 가면을 필요로 하는 것은 타인이 있어서다. 타인의 가면을 보면 스스로도 가면이 필요하다. 그렇다 해서 모두의 가면이 두꺼운 것은 아니다.

가면의 두께를 조절하는 것은 양심이다. 즉 자신이 보여줄 양심의 순도만큼 겹이 있다. 순금과 같이 하나의 티끌도 없으면 가면은 없다. 그러나 안타깝게도 이러한 완벽에 근접한 것은 보기 힘들다.

98

우주의 끝이 어디일까를 생각하던 사람이 있었다. 그는 한 평생 끊임없이 우주의 끝을 생각하다 죽게 되었다. 죽기 전에 아들에게 유언하기를 "너도 우주의 끝을 생각해 보거라." 하였다. 아들은 아버지의 뜻을 받들어 끊임없이 우주를 관찰하고 우주의 끝을 생각하다가 그도 어느덧 죽음에 이르게 되었다. 죽기 전에 아들을 불러 자신의 아버지가 했던 것처럼 아들에게 유언을 하고 죽었다. 그 아들도 아버지의 유언대로 쉴 새 없이 우주를 관찰하고 우주의 끝을 연구했다. 이렇게 시간이 흐르고 이 사람도 아버지처럼 죽게 되었을 때 자신의 아들을 앞에 두고 아버지처럼 유언을 했다. 이 뜻을 받은 아들은 아버지의 뜻에 따라 또다시 끝없는 우주를 관찰하며 끝없는 생각에 몰입했다. 끝 모를 우주 안에서 수많은 생각들만이 끝없이 펼쳐진다.

99

매일 지나던 길인데 낯설게 느껴질 때가 있다. 사람도 물건도 모두 이런 경우가 있다. 이러면 잠시 내가 전의 내가 아닌 다른 사람처럼 느껴진다. 내 안의 나라고 하는 것들 중에 하나가 밖으로 향하던 시선을 돌이켜 내 안에 갇힌 것 같다. 낯선 도시를 갑자기 대하는 느낌과 어색함이 아침 공기처럼 신선하다.

이러는 중에 라디오 MC는 영화 〈매디슨 카운티의 다리〉를 꺼내어 여운에 대한 이야기를 하고 있었다. 눈에서 멀어진 사람을 마음마저 멀어지게 하지 못하고 마음 한구석에 여운으로 남아 삶이 되어 살아가는 영화이다. 남녀 주연배우의 연기도 좋았지만 비 오는 날 엇갈리는 헤어짐의 장면은 아직도 기억에 생생하다. 중년의 나이에 이르니 더욱 그러한 장면들이 마음에 와닿는 것 같다.

매일 아침에 출근하면서 도시를 보지 않고 길만 보며 다니다가 어느 날 문득 창밖으로 바라본 세상이 낯설게 느껴진 것은 아마도 세상이 눈에서 멀어지니 마음에서도 멀어진 것이 아닌가 싶다. 아무런 느낌을 갖지 못했던 마음에 대한 외부의 핀잔이 내게로 돌아온 것이겠지 생각했다.

스콧 니어링과 헬렌처럼 50년을 넘게 같이 살았어도 서로의 시선이 존경과 사랑으로 넘쳐나는 사이도 있지만 대부분의 사람은 그렇지 않다. 삶이 어색해질 때 찾아오는 것이 신선함이나 새로움이다. 이런 감정이 상대에게서 느껴지면 좋다. 그러나 상대에게는 그대로 무관심하고 타인에게서 느껴진다면 혼란이 생긴다.

인생은 가끔 거칠고 참혹하고 낯설 때가 있다. 하지만 곳곳에서 스며드는 신선함으로 뜨거워질 수 있는 것도 인생이다.

100

무표정한 얼굴보다 입꼬리를 약간 올려주며 미소 짓는 모습을 사람들은 좋아하는 것 같다. 표정이 없고 말이 적은 사람은 대체로 학문하는 사람이나 혼자 연구하는 계통의 사람들이다. 따로 사람들을 만나 이야기할 것도 없고 사람을 대하는 직업도 아니니 얼굴이 항상 굳어 있다. 그래서 사람들이 표정을 사라지게 하는 책이나 연구를 멀리하는 것인지도 모른다. 그래도 책을 읽다 보면 기뻐서 입꼬리가 올라가고 몸이 둥실거리며 마음에 기쁨이 벅차오르는 경우가 있다. 이는 책 안에서 희열을 느끼는 것인데 본성의 순수함을 건드려서 일어난다.

그러나 사람들 관계에서 스스로 기쁨에 벅차서 환하게 웃을 일은 많지 않다. 대부분이 관계상 또는 사업상으로 입꼬리를 올리며 미소 짓는 것이지 기쁨이 넘쳐서 그러는 것은 아니다. 사람을 진실로 기쁘게 하고 환하게 웃게 하는 것은 본성에 감동되었을 때이다. 좋은 말이나 유머 그리고 즐거운 이야기에도 감정이 동요되어 밝게 웃는 것이니 이것도 또한 순수하다.

101

오래 사는 사람이 있는가 하면 어린 나이에 죽는 사람도 많다. 깊은 병에 걸리어 오래 고생하다 죽는 경우도 있고 갑작스런 사고로 죽는 경우도 있다. 이렇게 사람은 한 번 태어나서 살다가 떠나는 것인데 죽는 모양은 모두가 다르다.

나라의 영웅이나 훌륭한 지도자가 죽었을 때에는 모든 사람들이 그와 직접적인 관계가 없더라도 죽음에 대하여 애도하지만, 한 개인의 죽음은 그 주변의 몇몇만이 슬픈 감정을 갖는다.

떠나는 자는 말이 없지만 떠나보내는 사람은 무슨 말이라도 가기 전에 꼭 하고 싶은 것이 있다. 그들의 말은 눈물이 대신하고 흐느낌으로 변하여 주위의 마음도 슬프게 한다. 가진 사들은 죽음의 예식마저도 사치스럽고 가난한 자들의 예식은 소박하기 그지없다.

그러나 죽음은 공평하다. 영웅이나 소인배, 부자나 가난한 자, 모두가 사회적 삿대는 날라도 죽음 앞에서는 영혼이 떠나고 남겨진 몸일 뿐이다. 죽음은 하늘 아래 모든 생명 앞에 언제나 냉정하고 확고하다.

아무도 없는 곳에서 홀로 죽는 사람은 고독하다고 사람들은 말한다. 그러나 이것은 세상의 말일 뿐이다. 죽음에는 고독이란 없다. 삶에 원래부터 같이 붙어 있던 길이다. 죽음을 풍성하게 만들기 위하여 삶의 고독을 바꿔버리는 사람은 없다. 삶은 그대로 고독하든지 재미있든지 살다가 가는 길이고, 죽음은 그대로 죽음이다. 태양이나 별들이 추모하는 위대한 죽음은 없다. 죽음은 다만 하나의 사건이고 일이고 삶의 연장이다.

102

방금 쓴 글씨가 비에 젖은 것처럼 쭈글쭈글한 것을 보니 나의 영혼도 이제 많이 늙은 것 같다. 좋은 약을 찾는 것보다는 바람이나 쐬어 주어야겠다. 글을 좋아하는 것도 일종의 병이니 좋아함을 쉬는 것이 치료다.

103

비겁한 사람이 되지 않기 위해서는 먼저 자신의 중심을 세워야 한다. 모든 일을 대함에 있어서 언제나 전심으로 충실한 사람이라면 결코 비겁해지는 일은 없다. 밖에서 하는 말에 얽매이지 않고 자신의 내면에서 울리는 소리에 귀기울이는 자는 비겁하지 않다. 비겁이란 중심이 나약하거나 꾀를 부리며 회피하는 사람에게 새겨져 있는 문신과도 같다.

104

속이 더운 사람은 여름을 싫어하고 속이 찬 사람은 겨울을 싫어한다. 그러나 여름과 겨울을 모두 싫어하는 사람은 힘든 것을 싫어하는 것이다. 기력과 인내가 부족한 사람이다.

105

이성을 중시하는 사람은 따따하고, 감성을 중시하는 사람은 무르며, 양심을 중시하는 사람은 온유하다.

106

자식의 돌잔치에 사람들을 초대하면 한마디씩 한다. 얼굴도 잘생긴 것이 크면 영화배우 해도 되겠다, 머리도 둥글둥글한 것이 커서 판검사 되겠네, 등등의 말들을 쏟아내면 아이의 부모는 기분이 좋아서 음식을 풍성하게 대접한다. 그런데 어떤 사람이 "애가 쪼그만 한 것이 커서 사람 구실이나 하려나."라고 말하면 괜히 마음이 나쁘고 대접하기를 꺼려한다. 욕이나 안 먹으면 다행이다.

사람은 실제 그대로를 말하는 것보다 마음에 드는 말을 듣기를 좋아한다. 일단은 좋은 소리라도 많이 듣고 나머지는 애가 크면서 두고 볼 일인 것이다. 그러니 처신을 잘해야 밥 복도 있다. 반대로 초상집에 가서 장자(莊子) 흉내를 내며 '죽는 것은 좋은 일'이라고 하면서 호탕하게 웃다가는 음식은커녕 매나 면하면 다행이다. 모든 말에는 때가 있다.

107

분노는 상승하는 작용이 있어서 핏줄을 솟구치게 한다. 머리

카락 끝까지 타고 오르며 몸 가득 화가 차오른다. 분노에 쌓인 사람의 이성은 생명력을 잃는다. 용서와 관용이라는 천사가 오기 전에는 목숨마저도 위태롭다. 슬픔의 눈물은 분노의 치료자. 분노는 슬픔을 만나야만이 자신의 솟구침을 버리고 다시 제자리로 돌아온다.

외적인 분노이든 내적인 분노이든 간에 분노라는 것은 다루기 힘든 야생마와 같다. 적의 심장에 칼을 꽂는 장수와도 같다. 좋은 분노는 개인과 사회를 정화시키고, 나쁜 분노는 개인과 사회를 파괴한다. 분노가 도리에 어긋남이 없고 안정되어 있을 때에는 엄숙해진다.

108

자신의 운명을 아는 것은 최상이고, 내면에 막힘이 없는 것은 그다음이며, 이해하고 판단하는 능력이 좋은 것은 바로 아래나. 이 세 가지는 하늘이 인간에게 주는 최상의 선물이나.

109

모방을 창조의 어머니라고 말한다. 모방의 시작은 보통 타인과 교육이다. 그러나 모방이 이렇게 시작하여 창조로 무한이 이어지는 경우는 드물다. 단지 모방이 자신이 되어 내면의 창조성만 파멸하는 경우가 더 많다.

타인과 사회 그리고 교육에 관한 외적인 것은 모두 제쳐두고 자연을 가까이하여야 한다. 자신의 내면에 울리는 소리에 귀를 기울여야 한다. 내면의 소리는 자연의 숨결이다. 모든 모방은 자연에서 근원하여야만 창조로 이어진다.

110

손발톱이 살을 파고들면 통증이 심하다. 아픈 통증이 마치 손발을 써는 듯하여 손톱발톱이라고 하는 것 같다. 손끝과 발끝은 우리의 몸에서 가장 먼 곳으로 정신의 변방이다. 그러면서도 하늘과 땅의 기운이 가장 먼저 들어오는 곳이기도 하다. 이곳의 통증에 대해 영혼이 예민하게 느끼는 것은 손발이 하늘과 땅에 밀접하기 때문이다. 통증이 심할 때는 영혼이 밖으로 털리지 않도록 조심해야 한다.

111

명예를 지키기 위해 목숨을 버리는 사람은 지조가 있는 사람이다. 그러나 명예에 눌려서 목숨을 잃는 사람은 어리석은 사람이다.

112

위험하거나 곤경에 처할 수 있는 자리는 가지 않는 것이 최선이다. 만일 위험한 곳에 있다면 말을 아끼고 침묵해야 한다. 그리고 주위의 상황을 파악하는 것이 중요하다. 갑작스러운 고난은 아무 예고가 없이 다가온다. 쓸데없이 입으로 주절거릴 때 고통의 악령들은 도둑고양이처럼 다가온다.

113

신을 믿는 사람도 또는 믿지 않는 사람도 각자의 운명에 따라 일찍 죽기도 하고 큰 병을 얻고 고난이 있다. 그러나 이런 상황이 되었을 때도 광신자들은 언제나 신을 찬양하는 데 많은 시간을 보낸다. 신도 그들이 얼마나 애처로울까 싶을 정도이다. "도와줄 것도 딱히 없는데 저리도 나를 찬양하다니!" 하면서 신은 눈물지을 것이다.

큰 믿음에는 무관심도 필요하다. 무관심은 신이라도 인간의 속마음을 알아채기 힘든 상태이다. 이것이 신과 거리를 둘 수 있는 최선의 방법이다. 큰 병이 있으면 무관심하여 신도 편하게 해주어야 한다. 믿음은 바라는 것이 아닌 그대로 봄이기도 하다.

114

울타리 붉은 장미
내년에도 다시 피겠지?
그 이후로도 오랫동안

115
—

원죄 따위 고민 없이
비참한 죽음조차도 씨익
영웅은 언제나 멋지지.
철학과 종교는 구렁텅이
언제나 혼돈의 세계라네.

116
—

사회제도가 마음에 들지 않는다고 마음으로 반발하면 병만 생긴다. 구속을 벗어나지 못하면 마음을 비우고 잊고 사는 것이 몸에 이롭다. 여러 제도에 불만이 있더라도 자기 자신이 언제 어떻게 될지는 아무도 모르는 것이기에 달게 받아들이는 것도 좋다. 사회에 일조하는 것이 스스로에게 얼마나 있는기를 생각해보면 또한 받아들이기에도 편하다. 사회는 원래 부조리하고 불편한 곳이다.

117

하찮은 일을 하는 사람이라도 양심이 있는 사람은 많다. 진실 앞에서 눈물을 흘리고 절로 나온 사랑을 베풀고 모성애 같은 미소를 보인다. 성스럽고 고귀하다. 다만 그런 것들이 이따금 빛을 발하는 것이 좀 아쉽긴 하지만 말이다.

친근한 말을 쓰면서 악수하는 손에 애정과 사랑이 전혀 없는 인간들이 있다. 진실 앞에서는 뒤돌아서고 이익 앞에서는 아첨의 미소를 지으며 개꼬리처럼 으스댄다. 그들에게도 양심이 있다는 것은 바다에 인어가 산다는 것과도 같다.

118

사랑과 결혼의 관계는 밤과 낮의 관계처럼 일정 부분 공유되는 면도 있다.

119

예의는 타고나는 것도 있지만 대부분 길러져야 한다. 자신을 극복하지 않고는 예의가 있을 수 없다. 가벼운 예의는 비굴해지기 쉽다. 참다운 예의는 극기에서 나온다.

120

자신을 감싸고 있는 모든 것이 극적인 쾌락을 원할 때 생명은 감축된다. 개인에게 한정된 에너지는 그다지 많지 않기 때문이다.

121

세상에 알려진 수도자가 있었다. 신과 깨달음과 진리 등등 모르는 것이 없었다. 우주의 작은 행성까지도 샅샅이 꿰뚫고 있는 듯했다. 그런 그가 어느 날부터 가볍게 앓기 시작했다. 그러다가 점점 병이 진행되어 급기야 밤낮없이 힘들어 하다 결국 죽게 되었다. 그가 아는 지식은 그의 몸에 아무런 도움이 되지 못했고 죽기 전에 그가 남긴 말이라곤 "에구, 에구" 하는 신음소리가 전부였다.

수도자에게 몸은 그저 자연의 일부일 뿐이기에, 또한 그것을 알기에 지상에서는 그저 지적인 유희만이 그의 놀이였다. 높은 고승의 신음소리도 깨달음의 방편인 화두로 삼는 경우가 있다. 부처의 말인 공안으로서 신음소리도 제법 그럴싸하기 때문이다.

122

담배가 암과 같은 것을 일으킬 수 있는 이유는 꼭 담배의 성분에만 있는 것이 아니라 담배의 뜨거운 열기를 빨아들이는 데에도 있다. 몸에 윤기가 없고 건조한 사람에게는 특별히 담배의 열기가 심한 해가 된다.

123

창조성은 자연에서 기원한다. 변화는 창조의 원인이다. 자연에 따르는 몸의 변화가 영혼의 창조성을 활발하게 한다. 영혼의 세밀한 관찰이 있는 사람은 이것을 감지한다.

또한 땅의 기운은 음식을 통하여 인체로 들어와서 저력이 된다. 어린 시절에 이 기운이 좋으면 바탕이 좋은 것이니 성장하면서 더욱 활발해진다. 즉 먹는 음식이 뇌의 창조성에 관여한다. 그러므로 어릴 적에는 가급적이면 가공음식이 아닌 자연에서 채취한 음식을 섭취하는 것이 좋다.

124

늙으면서 등이 앞으로 굽어 새우등처럼 되는 사람이 있다. 이는 척추 한가운데를 지나며 인체의 맥을 감독하는 독맥(督脈)에 열이 항진되어서 그렇다.

늙으면 몸이 건조해지고 영양가도 흡수가 덜 된다. 열은 원기를 소모시킨다. 열과 원기는 서로 같이 있을 수 없다. 나이 들어서는 열을 일으키지 않는 영양이 좋은 음식을 섭취하여 몸을 윤택하게 하는 것이 중요하다.

125

홀로 살면서 아프기까지 하면 힘들다. 누가 도와주는 사람도 없고 스스로 인고하며 병을 달래야 한다. 스스로 모든 것을 받아들여 하늘의 뜻이라고 여기며 살겠지만 그래도 아프면 서럽다.

평생 살면서 한 번도 아프지 않으면 좋겠지만 사람은 원래 아프다. 아픈 것을 겸허히 받아들이면 깨달음에도 도움이 된다. 고통을 거부할 때 고통은 더욱 심해지고 몸에 집착하게 된다. 버릴 것이면 확실히 버리고 받아들일 것이면 겸허히 받는 것이 지혜롭다.

126

음식 섭취를 엉망으로 하면 위장이 손상되고, 몸뚱이를 과로하며 함부로 쓰면 비장이 손상된다. 비위(脾胃)가 병들면 다른 곳도 서서히 나빠진다. 잘 먹는데도 살이 안 찌며 마르는 사람은 위장에 열이 차 있는 것이며 조금만 먹어도 살이 찌고 기운이 없는 것은 비장에 원기가 부족해서 그렇다. 비위가 좋아야 잘 먹고 잘 소화되며 근골이 튼튼해지며 정신력이 강해진다.

타인의 말에 소심하게 물러서거나 틀어지는 것은 비위가 약한 것이다. 심하게 웃으면 양기(陽氣)가 손상되고 심하게 화를 내면 음기(陰氣)가 손상된다. 모두 비위의 기능을 깨뜨려 몸에 나쁜 영향을 준다.

127

열이 뜨면 마음이 불안해지며 미혹되고 정신이 헷갈린다. 소화기능마저 약하면 영양물질이 몸에 흡수되지 않아 더욱 심해진다. 이런 증상으로 고생하는 사람은 영양식으로 소식하며 운동을 해야 한다. 운동으로 몸을 기르고 소식으로 영혼을 길러야 한다. 운동과 소식을 자주 하여야 한다고 마음을 다독이며 살아야 이롭다. 명상을 할 때는 들숨보다 날숨을 좀 더 길게 호흡하는 것이 안정에 도움이 된다.

128

죽음은 말로 하지 않는다.
오로지 숨만이 진실하다.

129

죽음이 코앞에 있을 때 나 자신을 용서할 수 있을지 물어본다. 스스로 타인이 되지 못하였으니 결국 사회의 일원으로 산 것이다. 양심의 끊임없는 신호에 냉담하고 거짓되게 변명도 했었다. 반복이 겨우 도달할 곳이 결국 죽음이다. 그래도 언제나 선의 편에 서 있으려 했으니 신의 주위를 맴돈 것은 분명한 일이다.

진실 앞에 눈물 흘리면 신에 가까워진다고, 기도도 언제나 선을 목적에 두고 한다고 생각했다. 신의 몸뚱이는 양심과 선이라는 드레스에 감싸여 있다. 스스로 타인이 되지 않는 한 의지는 선을 향해야 한다.

130

스스로 자유를 얻은 자들은 예의가 있고 조용하고 거침이 없으며 활기차다. 자유와 광기는 다르다. 광기는 자신에게서 아주 멀어진 것이고, 자유는 자신에게 걸리지 않는 것이다.

131

두보의 시를 읽으면 참으로 현실적이며 인간적 삶의 애환을 맛볼 수 있다. 반면 이백의 시를 읽으면 시 안의 미친 기운이 이 세상의 것이 아닌 듯하다. 시란 것이 이렇게 사람의 쓰는 바에 따라 양 끝에 서 있는 것처럼 차이가 난다. 스스로가 자아와 타인의 어디에 서 있는가에 따라 삶과 글이 달라진다.

132

젊은 날 공부방에 있으면 시내 건너편 유곽으로부터 트럼펫 소리가 자주 울렸다. 때론 이 소리에 눈물을 흘리곤 했다. 그

당시 쳇 베이커를 좋아했다. 그에게는 슬픔, 중성의 목소리, 먼 과거를 거니는 듯함, 그리고 버림이 있었다. 어렴풋이 영화 〈지상에서 영원으로〉에서 친구의 죽음을 애도하며 트럼펫을 부는 장면이 떠오른다. 사내의 나팔소리는 단조의 선율보다도 우울하고 슬프다.

133
—

점심시간 백화점 안의 식당을 보니 모두 여자들뿐이다. 대체 남자들은 모두 어디로 간 것일까? 지구의 반이 남자라는데 백화점에서는 안 통하는 숫자이다.
유리벽 너머 보이는 곳에서 김이 모락모락 나는 전골을 중앙에 두고 여인네 셋이 수다스럽게 식사를 한다. 그 주위로도 모두 여자들인데 유난히 눈에 띄는 것을 보니 먹는 것이 우아하진 않았나 보다. 우아함은 아무래도 정적이지 않은가.
스모키의 옛 노래들이 백화점 공간에 울려 퍼지고 내 눈앞에 있는 책 속의 시인은 새벽의 고독에 대하여 노래하고 있다.
무료한 눈은 욕망이 떠난 가슴으로 점점 빨려든다.
어제 읽은 책의 저자는 동성애자였고 또 다른 하나는 미치광이였다. 작가들은 삶이 난해한 사람들인가, 아니면 내가 읽는 책의 저자들만이 이런 부류인가 생각해본다.

그래, 나도 때로는 정상이 아닌 것 같다. 나에게도 동성애적인 그리고 미치광이의 유전자가 있을지도 모를 일이다. 그러나 나는 아내와 자식을 사랑하며 평범하게 살아왔다. 진리에 관하여 대화가 되는 제자들과 소통하며 술을 같이 마실 때를 좋아한다. 그리고 나에게서 나온 딸들이 나를 닮았다고 하면 기분이 좋다. 나보다 진화한 모습의 미래나 아니면 융이 말하던 남녀 안에 존재하고 있는 상대성을 생각해본다.

'나는 왜 저 여자들을 쳐다보며 이런 생각에 빠진 것일까?' 하면서도 한참을 무료하게 그들을 바라본다. 다시 시를 읽는다. 시를 새기다 보면 마음이 동화되는 글에서 자주 슬픔을 느낀다. 순수하지 못한 슬픔, 순수하지 못한 고통으로 점철해 온 나의 인생과 맞부딪친다. 더 슬퍼지기 전에 책을 덮어야 한다. 그리고 백화점을 돌며 아이쇼핑을 한다. 나의 내면은 아마도 여성인가 보다. 이런 것을 즐기다니.

백화점을 빠져 나오니 가을이 아침보다 더 익어 있었다. 쓸쓸한 바람이 목을 타고 살 속을 파고든다. 길 건너에는 내가 낮에 머무는 직장이라는 굴이 어서 오라고 손짓을 한다. 나는 저 굴에 묶인 끈을 언제나 끊을 수 있을까? 굴의 인력이 너무

강하다. 영혼은 몸을 따라오지 못하고 백화점 입구에 서 있다. 아쉬움을 버리지 못하는 낡은 영혼을 두고 무심한 몸뚱이만 안으로 들어간다.

4부

사랑의 언덕

백일묵상

1~124

1
—

소리를 한자로 음성(音聲)이라고 하는데, 음은 가락이 있는 소리이고 성은 일정한 형식이 없이 나오거나 울리는 소리를 말한다. 둘 다 공간을 필요로 하는데, 음은 성에 비하여 여성적이고 성은 음에 비하여 남성적이다. 여성의 음성엔 가락이 있고, 남성의 음성엔 울림이 있다.

2

우정이 아름다우려면 영원해야 한다. 도시의 불빛보다도, 은행 창고의 깊숙함보다도 더 깊고 화려한 우정이라도 한순간에 사라질 수 있다. 마르지 않는 샘처럼, 꺼지지 않는 별빛처럼, 부서지지 않는 보석처럼 맑고 고귀하고 단단해야 한다.

3

남녀의 사랑은 양은 냄비와 같다. 쉽게 달구어지고 쉽게 식는다. 이런 사랑을 아름답게 하려면 서로의 도리를 평평하게 하여 걸림이 없게 하여야 한다. 개인의 사사로운 이익을 버리고 의로움으로 서로의 마음이 다져지면 이것이 곧 아름다움이다.

4

무언가 생각이 떠오르면 수첩이나 메모지에 바로 기록하는 습관을 들이면 좋다. 인간의 기억이란 것은 믿을 것이 못된다. 특히 창조적 생각이나 특별한 이론들은 더욱 기록을 해두어야 한다.

계속 고민하던 어떤 것들은 꿈에서 그 해답을 얻는 경우도 종종 있다. 꿈은 하루에도 대여섯 번씩 꾸는 것이지만 모두 쉽게 지워지므로 특별한 경우에는 얼른 일어나 메모하고 자는 것이 좋다. 그러다 보면 가끔 횡재하는 경우도 있다. 의식의 아주 밑바닥에 있던 정말로 고귀한 자료들이 꿈에서 나오기 때문이다.

사람의 기억이 지워지지 않는다면 그것은 재앙이다. 기억이란 꼭 좋은 것만 있으란 법이 없기 때문이다. 따라서 기억은 대부분 크게 집착이 없으면 쉽게 사라진다. 메모의 습관은 새로운 길을 제시하는 신호등이다. 그 신호를 잘 활용하는 것은 삶을 더욱 다양하게 한다.

5

자식이 결혼할 때 흘리는 눈물은 부모의 울타리에서 떠나보내는 것이 아쉽거나 아깝기 때문일 수도 있다. 아니면 키우면서 남들처럼 제대로 잘해주지 못한 것에 대한 회한일 수도 있다. 그러나 자신도 모르게 맺히는 진실한 눈물은 감동에서 온다. 순간 지나온 시간들이 주마등처럼 스치며 저렇게 커서 스스로 자립한다는 것에 대한 스스로의 만족이다. 이런 눈물을 보면 코끝이 찡해진다. 엄숙한 결혼식장이라면 이런 감동은 더욱 배가된다.

자식은 내 것이 아니므로 떠나보내는 것이 당연하다. 그리고 그들이 다시 찾을 때는 손님 대하듯이 정중해야 한다. 이것이 어른으로서 자식에 대한 예의이다.

6

맛이 달고 맵고 담담한 것이 성질이 따뜻하면 몸을 돕고 체온을 잘 유지시킨다. 반면에 성질이 서늘하면 몸이 약해서 오는 허열 같은 것들을 없애준다. 맛이 시거나 쓰고 짠 것이 성질이 따뜻하면 몸을 소통시키나 반면에 성질이 차가우면 기운을 새어나가게 한다.

모든 먹는 음식은 하늘과 땅의 기운을 갖고 있는 것이므로 맛과 기운에 각각의 성질이 있다. 동물의 성질이 모두 다른 것과 같다. 사람은 자연의 일부분이다. 병이란 것은 넘치는 것과 손상되는 것이 조화를 잃어서 오는 것이므로 조화에 도움을 주는 것을 자연에서 찾아야 한다. 자연은 생명의 원천이자 신의 본성이다.

7

녹차 같은 잎차는 아침에 마시는 것이 좋고, 무는 저녁에 먹는 것이 이롭다. 오전은 기운이 위로 오르는 시간이다. 맑은 차가 정신을 상쾌하게 한다. 저녁은 기운이 아래로 내리는 시간이다. 무 같은 것이 기운을 잘 내려 편안하게 한다. 자연의 시간에 맞추어 조화를 깨뜨리지 않는 것이 건강에 좋다.

8

수면 중에 스스로 꾸는 꿈에서 자아를 그대로 갖추고 꿈을 꾸는 것을 자각몽(自覺夢)이라 한다. 꿈에서 일어나는 사건 속에 실제의 자아가 느끼며 주인공이 되는 것이다. 하늘을 날 수도 있고 다른 행성이나 먼 미래로도 갈 수가 있다. 자기의 몸은 수면 중이라 굳어 있지만 자기의 영혼만이 스스로 체험하고 있다. 현대의 기계적 장치 속에서 다른 세계를 경험하는 것과 비슷하다.

이런 것으로 미루어 보면 우리가 인간이라고 할 때 가장 중요한 것은 몸이다. 몸이 현재에 있는 그것을 보고 그 사람이라고 하는 것이다. 몸이 살아 있지 않는 영혼은 기계 속의 세계처럼 허황하다. 몸이 곧 인격이다.

9

공자의 학문을 위학(位學)이라고 한다. 즉 자신이 처한 자리에서 사람이 갖추어야 할 기품을 지키기 위해 공부하는 학문이다. 다시 말하면 자신의 위치에서 자신의 역할을 잘하는 사람으로 만드는 것이 이 학문이 지향하는 길이다. 아버지는 아버지답고 선생은 선생다워야 하는 것이다. 인위적이며 본성에 위배되긴 하지만 사회를 질서 있게 이루는 데는 어느 정도 도움을 줄 수 있다.

그러나 위치에 구애되지 않는 자유로움을 위해 공자가 하지 않았다는 네 가지의 것을 금지하지 않으면 이 학문은 답답하고 고루해진다. 이 네 가지는 '나[我]'만이라고 우기는 것과 '반드시[必]' 그래야 한다는 것과 '편견[意]'에 치우치는 것과 '고집스럽게[固]' 마음을 쓰는 것이다.

어느 정도의 위치에 있게 되면 이 네 가지의 유혹에 빠지게 된다. 그것이 인간이다. 관직에 있는 사람은 특히 경계해야 할 글귀이다.

10

서양인은 대체로 절대적 유일신에 의지하지 않으면 그들의 모든 삶이 붕괴된다. 플라톤과 바울이라는 두 사상가가 만든 최고의 가치에 목메고 있다.

동양인은 자연의 모든 만물에 의지하여 그들의 삶을 살아간다. 동양인에게 있어 신은 만물이며 수없이 많은 형상을 갖고 있다. 자유로운 사람은 외부에서 가치를 찾지 않고 자신이 주인공으로 살아가니 서는 곳이 곧 진리이다.

11

새로 일[사업]을 시작하는 사람이 갖추어야 할 덕목은 중심과 방향이다. 중심은 충(忠)을 말하는 것으로 진실과 정성으로 자신의 내부를 가득 채우는 것이다. 방향은 망망대해에서 선장이 가야 할 길을 잘 찾아가는 것과 같다. 중심과 방향이 잘 잡혀 있다면 이제 사업은 시작하여도 된다. 마치 먼 길을 출발하는 사람이 두 다리가 튼튼하고 든든히 속을 채운 것과 같다. 그 이후로는 자신의 일을 즐기면 된다.

12

강자가 약자를 지배할 때 느끼는 감정은 쾌감이고, 지배당하는 약자의 느낌은 굴욕감이다. 약자의 무력함에 더욱 쾌감을 느끼는 자들은 달콤한 쾌감에 젖어 영혼이 있어야 할 자리에 독사가 똬리를 튼다. 그들의 외모는 점점 독사의 눈과 혀로 변해간다. 독사로 변한 모습은 자연이 스스로 거두기 전까지 없어지지 않는다. 무섭고 두려운 일이다.

13

살면서 양심을 회복할 기회는 계속 찾아온다. 그럼에도 불구하고 회복하지 않는 것이 인간이다.

14

인간은 희망과 환상을 현실에서 갈구한다. 그러기에 희망과 환상은 또한 인간을 옭아매는 사슬이 되기도 한다.

15

하품은 영혼의 먹을거리가 부족할 때나 쉬고 싶을 때 밖으로 드러내는 표현이다. 음식물의 정기는 영혼의 먹이이다. 소화되시 않은 음식물이 몸에 낳거나 체력이 약해셔서 소화기능이 줄면 음식이 분해되지 못하고 적체되어 영혼이 인상을 찌그린다.

영혼이 충분히 만족하면 하품은 저절로 그친다. 하품은 주위의 친한 영혼으로 전염되기도 한다. 전염된 영혼이 하는 하품은 기억에 대한 습관이다.

16

노인이 눈물, 콧물, 침이 많은 것은 몸속의 열이 위쪽으로 오르면서 나온다. 어린아이도 이런 것이 많은데 원인은 비슷하다. 삶의 시작도 분출이 많고 삶의 마침이 가까워질 때도 분출이 많다. 전자는 한 여름을 향하는 나뭇잎에서 떨어지는 물과 같으며 후자는 식어가는 찜통의 뚜껑에 맺힌 물방울 같다.

17

기술을 익혀 놓지 않은 사람은 가난하게 살 확률이 높다. 인간이 어느 정도 먹고 사는 데는 기술이 필요하다.

18

특별한 경우를 제외한다면 배고플 때 먹는 음식이 제일 맛있다. 욕망이 없는 사람은 음식에 대한 욕구가 없다. 그리고 잘 먹고 잘 소화시키는 사람이 그렇지 못한 사람에 비하여 더 긍정적이다.

19

국가가 국민을 보호하지 못하면서 국가를 위해 희생을 요구하는 것은 잘못이다. 국가가 제일 귀중하게 생각해야 할 것은 오직 자국의 국민이다. 국가를 움직이는 위정자들은 종종 국가와 국민을 자신의 소유로 본다. 이런 형태의 국가라면 국가로서의 기능은 상실한다. 이런 나라에 사는 국민은 불행하다. 지배자 주위의 무리들은 국비를 소모하면서도 자신들은 흥청거린다. 불행은 나눔이 없는 데서 시작한다. 시식인들이 위정자의 사상을 지키는 개노릇을 하며 거들어주는 편협한 통치는 불행의 시작과 연속이다.

20

잘 익은 포도주에 생선이나 야채샐러드를 곁들이면 몸을 무겁게 하지 않으면서 정신을 안정시키는 역할을 한다. 하루의 노동을 마친 저녁에는 이런 것들로 피로한 몸과 영혼을 위로해야 한다. 좋은 술은 몸과 영혼을 치료하는 묘약이다.

21

타인에게 원망을 사는 말이나 행동은 하지 않고 살아가야 한다. 그러나 어쩔 수 없이 저질러진 일이라면 깔끔하게 반성하고 말로 풀 수 있으면 늦지 않게 바로 풀어야 한다. 그래도 상대방의 원망이 풀리지 않는다면 풀릴 때까지 참회하여야 한다. 참회의 시간에는 몸가짐을 단정하게 하고 침묵하여야 한다. 침묵은 원망을 치유하는 선약이다. 상대의 노여움도 이런 경건한 참회에 화해가 된다.

22

멀리 남쪽의 빛고을에 사는 제자 부부가 단감을 보내왔다. 세 명의 자녀와 함께 딴 단감이란다. 깊어가는 가을 맛을 같이 느끼고 싶어서 한 상자를 보냈다고 한다. 마음이 고운 사람들이다. 전에 자신들이 살 집을 스스로의 몸을 써서 짓는 것을 보고 대단한 친구들이라고 생각했다. 손수 모든 일들을 정성으로 만들어가는 이들을 보면 가끔 스코트 니어링 부부가 떠오른다.

무언가를 나누고 싶은 마음이 들 때 그 사람은 행복하다. 우연히라도 누군가가 떠오르며 그리운 마음이 들면 그 사람은 행복하다. 한참 동안 소식이 없다가도 문득 전해온 소식에 오랜 친밀감을 느낀다면 그 사람은 행복하다.

며칠 뒤면 그들 부부에게서 넷째 아이가 나온다. 기쁜 마음으로 순산을 바라보며 보내준 단감을 차에 곁들여 음미해본다.

23

학문적 실력이 좋더라도 학교에 맞는 체질이 있고 학교에 맞지 않는 체질이 있다. 전자는 격식이나 규범을 중요시하고 후자는 그렇지 않다. 격식이나 규범을 벗어나면 더욱 유익한 강의가 될 수 있다. 인간의 언어나 행위는 격식을 벗어날 때 더 잘 들어오기 때문이다.

24

맥도 못 짚는 것이 침통만 흔들고 다닌다는 말이 있다. 한 분야의 핵심을 알지 못하면서 그 분야를 잘 아는 것처럼 행세할 때 쓰는 말이다. 한 분야의 핵심을 터득한다는 것은 매우 어려운 일이다. 그리고 그것은 그물의 벼리와 같아서 나머지 것을 다루어 부릴 수 있는 것이므로 매우 중요하다.

음악이나 문학, 수학 그리고 의학 등의 핵심을 터득한 사람은 주로 자연에서의 산책을 즐긴다. 그들은 그곳에서 같은 기운을 구하고 같은 소리를 느낀다.

25

방종과 권태에서 구원받고 싶다면 금욕하여야 한다.

26

과격성과 성적 욕망이 심해지는 것은 몸 안에 열이 쌓여서 오는 것이다. 이런 때에는 채식하는 것이 좋다.

27

사후 세계와 신에 대하여 장황하게 써놓은 책을 보면 도저히 알 수 없는 한계 사이에서 방황한 흔적이 보인다. 미지의 곳이니 말에 신빙성도 없다. 인간은 환상을 좇는 자와 그렇지 않은 자가 있을 뿐이나. 보고 싶은 것만 보려하는 것도 인간의 한 병폐이다.

28
—

노인의 주름을 지나온 바람이 낙엽을 쓴다.
놀란 빛, 그림자 두고 도망친다.
유모차에 젖병을 물고 졸고 있는 아이,
이 세계에 잠시 머문 다른 세상의 영혼.
아이와 노인 사이에 덧없는 시간이 머문다.
죽은 자들의 넋을 끌어올린 색색의 단풍.
끝없는 비탄의 소리에 출렁거린다.

29
—

물속 깊이 잠수해 있으면 아무 생각이 없고 오직 고요한 상태에 존재해 있는 자신을 마주한다. 이것이 곧 불가에서 말하는 적멸의 경지와 동일한 것이니 평시에도 이와 같으면 번뇌가 없다.

30

인간은 자연의 최고의 적이다. 자연을 파괴하는 가장 앞선 것이 인간이다. 인간의 폭력성과 무모성은 다른 생명에 해가 되고 있으며 결국 모든 생명의 존재 기간을 단축시킬 것이다. 인간 스스로의 자랑거리인 첨단과학이라는 것이 자연을 파멸하는 선봉에 설 것이다.

31

오늘을 열심히 성실하게 보내며 나머지는 하늘의 뜻에 맡기는 것이 속 편하다. 하루를 열심히 사는 사람은 죽음이 미소지을 때 그것도 당연한 삶의 일부로 받아들인다.

32

시계를 자주 보면 마음이 안정되지 못하고 급하게 보여 좋지 않다. 마음이 급하면 몸도 긴장되고 일의 능률이 떨어진다.

사람을 앞에 두고 시계를 자주 보는 행위는 상대방을 가볍게 보는 것으로 오해받기 쉽다. 시계는 약속에 대한 세심한 믿음이 필요할 때에 사용되는 물건이다. 시계를 사치품으로 보는 사람들은 그 사람의 허세만을 강조한다. 세심함이 허세를 타면 가끔 우아해 보이기도 하는 법이다.

33

시기와 질투는 정신과 의지의 불균형이다. 인간의 내부에 쌓인 불만의 덩어리가 일으키는 나쁜 관념이다. 이런 행위에 익숙한 사람들은 자아의 성찰에는 관심이 없다. 오로지 상대방에 견주어 보는 마음에만 집착하는 부류이다. 이는 타자와 공유하는 대부분의 인간에게서 볼 수 있는 감정의 한 색이다. 시기와 질투는 분노와 다르다. 분노는 밖으로 강하게 분출하는 감정이라면, 반대로 시기와 질투는 위로 오르지 못하고 출렁거리다 안으로 파고들어 내부를 못살게 군다.

힘이나 능력이 강한 자들이 주로 분노의 감정이 높은 반면 능력이 부족한 자들은 시기 질투가 많다. 정도의 차이는 있어도 모두 살기가 강하여 결국에는 남을 해치거나 불행을 가져오기 쉬운 감정들이다. 세상의 영웅들도 이런 것으로 인하여 스스로 죽임을 당하는 경우가 많으니 경계하여야 할 일이다.

개인의 분노는 약할지 몰라도 국민이라는 이름의 분노는 강한 것이니 한 나라를 뒤엎을 만하다. 또한 소인배의 시기 질투가 한 집단을 망치게 하는 원인이 되기도 한다. 인간은 자연에서 나왔으나 자연만 못하다. 이는 정신의 미비함도 있겠지만 타인과 사회 속의 교류에서 오는 결함이 많기 때문이다. 자연에서 강은 바다를 시기하지 않는다. 강으로서의 자아가 튼튼할 뿐이다.

34

우울한 감정은 날씨가 추워지면 더욱 나빠진다. 따뜻한 음식과 좋은 차를 섭취하고 기쁜 마음으로 근육운동을 하여 몸을 덥히면 우울함이 줄어든다. 우울한 사람에게는 누구의 말도 들리지 않는다. 자신 안에 갇혀 산다. 따뜻한 말을 건네며 우울함이 새어 나갈 구멍을 만들어 주어야 한다. 그 사람을 알아야 한다.

35

영혼과 몸은 항상 하나이면서 둘이다. 둘일 때는 조화이고 하나일 때는 신비로움이 나온다. 몸과 영혼을 조화와 신비로움으로 이끄는 것은 정신이며 의지이다. 영혼과 몸은 철학과 종교의 분계점이며 시간과 공간의 대척점이다. 영혼은 욕망이며 허상이고 몸은 욕망이며 실존이다.

36

외설은 성기에 있는 것이 아니라 의식에 있다. 욕망이 영혼의 천장에 맺혀 방울방울 떨어지는 것이 외설이다.

37

칼을 만드는 거푸집에서 장화가 나오지는 않겠지만 만일 나왔다면 이는 커다란 사건이다. 이런 오류는 진화가 아니라 창조에 가깝다.

38

지구의 남반구에서 볼 수 있는 별이 북반구에서 보이지 않는다고 해서 그 별이 없다고 말하지 않는다. 보이지 않은 것과 없다는 것은 분명하게 다르기 때문이다. 아는 것과 모르는 것의 차이도 이와 같다. 인간은 신에 대하여 없다고 말할 수 없다. 그 반대도 물론 마찬가지다. 인간은 신을 알 수 없다고 하여야 한다.

39

폐허의 도시에서 느끼는 감정은 과거에 대한 상상이다. '이 무너진 탑이 전에는 어떤 모양이었을까? 이 목 없는 불상은 어떤 얼굴을 이고 있었을까?' 하는 상상이 주는 기쁨이 있다. 새롭고 깔끔한 도시에서 느끼지 못하는 상상이다. 오래된 도시에 떠도는 영혼의 메아리에 귀기울이며 다닐 때의 즐거움은 시간을 초월한다.

40

선물은 줄 때의 감정과 받을 때의 감정이 서로 다르다. 기다렸던 사람에게서 선물이 오지 않으면 서운하고 그 사람을 다시 보게 된다. 그러나 기대하지 않던 사람에게서 오는 뜻밖의 선물은 그 사람에 대하여 다르게 생각하게 한다. 이처럼 선물이 그 사람이 되는 경우가 많다. 예를 들어 품위 있던 사람이 이상한 선물을 하게 되면 그 사람 자체가 달리 보이게 된다. 그 사람에 맞는 선물을 주기까지는 많은 생각과 시간을 요구한다. 그 선물에 정성이 가미된다.

사람은 선물에 따라오는 정성을 같이 느낀다. 이 무게가 클수록 감동을 더 많이 한다. 작은 선물이 큰 감동을 줄 때는 일반적 상상을 초월하는 것들이어야 한다. 주는 사람은 그런 상상을 만들어 가며 선물을 준비하는 것이다.

일반적인 경우 거래나 청탁으로서의 선물은 비싼 값의 귀중품들이 오간다. 그러나 그런 예외의 경우가 아니라면 역시 정성이 깃들어야 좋은 선물이 된다. 작은 선물이 인생을 좋게 바꾸는 경우도 많고 반면에 큰 선물로 인생을 망치는 사람도 많다. 선물은 사람을 살리기도 하고 죽이기도 한다. 권력을 따르지 않고 마음의 선함을 따르는 것이 해를 줄인다.

선물은 축하나 고마움의 표현이다. 갑부 아버지가 아들에게 사업을 물려주는 것도 선물이라 하고 대학 입학으로 집 한 채를 사주는 것도 선물이라 한다. 그러나 이런 것들은 다만 부의 과시적 선물이다. 선물이란 함께하고 있다는 마음의 표시다. 지금 너의 일에 내 마음도 동참하여 같이 간다는 정성이다. 선물의 액수가 높을수록 과시욕이나 상대에게 무엇을 바라는 욕망이 크다. 작은 것으로도 상대의 감동을 최대한 이끌어 낼 수 있는 선물이라면 최상의 선물이다.

사랑이 있는 사람들의 선물은 아름답다. 아무것도 돌아올 수 없는 사람에게 주는 선물은 아름답다. 몸과 마음의 고통을 없애주는 선물은 아름답다. 억압된 자에게 자유를 주는 선물은 아름답다. 이렇듯 아름다운 선물의 종류는 끝이 없다.

41

꿈은 사주 현실과 반대의 모습을 보여준다. 이는 잠이라는 어둠 속에서 보는 것과 깨어 있는 밝은 곳에서 보는 것의 차이에서 온다. 자나깨나 정신이 한결같으면 꿈 같은 것은 꾸지 않는다. 간절히 생각하는 것이 있으면 현실에 앞선 그림이 꿈에 보이기도 한다. 그러나 잡다한 꿈이 많은 사람은 욕망이 혼탁한 사람이다.

42

가을과 겨울 사이에 만추가 있다. 세상의 진애를 모아 이승에 제사지내는 시간. 사랑과 욕망이 마지막 숨을 헐떡이며 고립된 시선을 보는 곳. 분주한 비둘기들도 공손해지고 교회 철탑의 십자가에 구원의 종소리마저 희미해진다. 죽은 자들의 울음소리는 멈추고 공사장 기계만이 철없이 시끄럽다.

이제 생명이 있는 모든 것들은 겸허해지리라. 생각이 있는 모든 것들은 슬퍼하리라. 만추에 머무는 모든 사연은 죄에 기록되지 않는다. 모든 페르소나는 앙상한 가지에 걸리고 지난날들을 이야기한다. 아래로 떨어지는 눈물은 망자의 먹이가 되고 증발하는 흐느낌은 천사의 피가 되리라.

만추에 앞이 보이지 않는 병을 앓으며 우두커니 서 있는 사람이여! 그대의 심장은 정지해 있노라. 미치광이의 전설을 지우며 용궁의 창고에 기억을 가두노라. 이제 그대는 곧 깨어나서 새로운 세상을 보리라. 그것은 차고 어둡고 황량할 것이니 만추를 지나온 자의 보상인 것이다. 초라한 보상은 위대한 것. 낡은 새벽이 지나고 빛이 오래 머물지 않을 때 흐르는 눈물 속에서 깨우치리라.

43

저녁이 되어 롤랑 바르트의 『사랑의 단상』을 꺼내 읽으며 칠레산 포도주를 마신다. 낮에는 진산성당을 다녀왔다. 기억 속 성당 안의 냄새가 포도주 잔 안에 가득하다. 신선하다.
어제 큰딸이 결혼했다. 낯선 공간에 익숙한 얼굴들. 분주함과 쓸쓸함. 비어 있는 것과 차 있는 것. 시간의 흐름은 와인잔 속에서 비우고 채워진다.

44

친구와 치아는 튼튼하고 건강해야 늙어도 행복하다.

45

소변 볼 때는 힘쓰지 말 것. 영혼이 쪼그라든다.

46

여아는 아빠 안에 있는 여성성으로 태어나고 남아는 엄마 안에 있는 남성성으로 태어난다. 여아는 양기인 하늘의 여성적 기운이고 남아는 음기인 땅의 남성적 기운이다. 여아의 정신과 영혼이 정상을 갖추려면 태어나서 1년이 지나야 하고 남아는 2년이 되어야 한다. 다른 동물에 비하여 미숙하게 태어나므로 생존에 있어서 긴 시간 부모의 보호가 반드시 필요하다.

이러한 부족한 상태로 큼에도 불구하고 인간이 다른 동물을 지배하고 사는 것은 언어 때문이다. 인간에게 있어서 언어는 지배적 욕구를 완성시킨 최고의 발명품이다.

7~8세가 되면 남녀 공히 동서남북과 자신이 선 곳에서의 기운을 모두 충족하므로 비로소 인간으로서의 모습을 갖는다. 이 때부터 사회라는 울타리 안에서 언어와 관습의 훈련을 받는

동물이 된다.

47

인간이 행위를 하면 그 행위에 대한 옳고 그른 판단을 하게 된다. 이것은 교육에서 나온다. 욕망하는 인간이 교육을 통한 판단으로 시비선악이 나누어진다. 옳고 그름의 저울질에 악마가 앉아 있지 않길 바라야 한다.

48

나이가 들어서 추한 행동을 하면 평생의 쌓아온 덕이 한순간에 무너진다. 젊어서의 실수는 용서가 되지만 노년의 실수는 그렇지 않다. 나이가 들수록 말과 행동에 항상 겸손하여야 한다. 젊어서부터 평소 습관 속에서 나오는 행위와 날늘이 타인에 해가 되지 않도록 말이다. 무의식 속에서 나오는 행동이 도리에 거스름이 없다면 좋게 늙은 것이다.

49

자신들이 예수와 석가라고 말하면서 사는 인간들이 있다. 특이한 부류다. 그것은 마치 매미가 사자의 젖을 물고 있으면서 자신이 사자라고 말하는 것과 같다. 매미는 그저 매미일 뿐이다.

50

인간의 역사는 폭력적 욕망이다.

51

태양이 없었다면 인간은 아마도 없었을 것이다. 달이 없어도 인간이 없었을까 생각해보면 그 역시 그랬을 것이라 본다. 달은 인간의 정신이 형성되는 기저이며 욕망의 원천이다. 달의 기운은 인간에게 판별의 지혜와 아름다움을 부여하며 예술로 나타나게 한다. 술을 주어 인간이 고독한 행성에서의 불안한 슬픔을 잊게 한다. 그러나 자신이 만든 인간계의 타락하는 실상을 더 이상 보지 못할 지경이 오면 달도 지구를 떠날 것이다.

52

여름의 부채, 겨울의 난로 같은 사람이 되어야지 겨울의 부채, 여름의 난로 같은 사람이면 불편하다.

53

겨울에 건강하려면 가을에 몸을 보충하여야 한다. 지지고 볶고 열나는 음식은 피하고 영양이 많고 담백한 음식으로 몸을 자양해준다. 그러면 겨울 내내 건강하고 면역이 강해진다. 계절의 기운이 하강하는 때에는 몸을 들뜨게 하면 안 된다. 마찬가지로 인생의 노년에도 가을에 몸을 자양하듯이 하는 것이 좋다. 노년에 몸을 들뜨게 하는 음식을 즐기는 것은 생명을 감소시킨다.

54

아이들이 쓸데없는 교육으로 시간을 낭비하지 않는다면 16세만 되어도 어린이가 아닌 한 인간으로서 스스로 인생을 자립할 수 있다. 이때부터는 결혼을 비롯하여 부모의 간섭이 없이도 사회생활을 할 수 있다. 그러나 위정자들은 이를 두려워하여 교육이라는 명분 아래 아이들을 가두어둔다.

55

누군가 지구 가운데 깊숙한 곳에 지옥이 있고 요정이 산다고 말해도 반박할 방법이 없다. 들어가 보지 않았기에 모르는 일이다. 그런데도 불구하고 사람들은 우주 전체를 동네 알듯이 모두 파악한 것처럼 말한다. 자신도 잘 모르면서 남을 잘 안다고 말한다.

56

다시 젊어져 어린 시절로 돌아가면 이렇게 살지 않을 것이라고 말하는 사람들이 많다. 그러나 그들이 다시 어린 시절로 돌아간다 해도 별반 달라질 리가 없다. 공부하기 싫어하던 사람이 다시 열심히 할 리도 없고, 게으른 사람이 부지런해지는 것도 아니다.

사람은 타고난 저마다의 운명이 있기에 과거로 다시 돌아가도 지금의 자신과 비슷한 삶의 궤적을 살게 된다. 그러니 잡생각을 버리고 현재의 자신에 충실하고 남은 인생을 즐겁고 자유롭게 사는 것에 집중해야 한다. 인생은 한 번이면 족하다. 지난날이 후회스럽다면 지금부터 당장 바꾸면 된다.

57

누군가 집에 초대를 하였다면 맨손으로 가는 것이 아니다. 작은 선물이라도 준비해서 가야 한다. 이는 초대자의 주방에 활력이 된다.

58

콩팥이 병들어 있거나 기능이 약해진 사람은 밤늦게까지 활동하지 말고 일찍 자는 것이 이롭다. 콩팥은 밤에 푹 쉬어줘야 한다. 그래야 낮에 제 기능을 유지하는 데 도움이 된다. 고요함은 모든 힘의 저력이다.

59

자신 또는 누군가를 위한 기도의 방향은 신의 현존인 양심에 입각하여 이루어져야 한다. 누군가의 이익이 아닌 순수한 의지로 그가 최선에 다다를 수 있도록 하는 힘의 부여를 기도하여야 한다. 이것이 기도의 참모습이다.

60

매일 아침 일찍 일어나 시원한 공기를 마신다. 몸을 움직여주고 맹물로 입가심을 하여 탁한 기운을 뱉는다. 장의 묵은

변을 내보낸 후에 아침 식사를 하며 하루를 맞는다. 이것이 몸의 건강을 가장 바람직하게 유지하는 시작이다. 육체를 쓰는 사람은 일찍 자고 일찍 일어나는 것이 좋고 정신을 많이 쓰는 사람은 조금 늦게 해가 높이 뜬 후에 일어나는 것이 몸에 이롭다.

61

구름 속에 갇힌 산처럼 양심이 보이지 않는 사람들이 누군가의 아주 작은 잘못에는 꾸짖고 나무라는 세상이다. 오로지 자신의 이익만을 우선하고 남의 생명은 가볍게 여긴다. 전혀 회복될 기미가 보이지 않는다. 바다까지 떨어진 인간에 대한 존중은 이제 전설이 되어간다.

이런 시대를 누군가 만든 것은 아니고 어쩌다 보니 이렇게 되었다. "살다 보니 여기까지 왔네."라고 하는 것과 같다. 상하 좌우 어른 아이 모두가 나쁜 사람 같다.

"목소리가 서로 다른 여럿 가운데 어떤 것이 가장 아름다운가?"라고 묻는다면 사람마다 제각기 다르게 대답한다. 그중에 가장 힘 센 자들이 우기며 그들의 기세로 끌고 가면 나머지는 각각 힘이 분열되어 끌려간다.

세상의 인심이란 예나 지금이나 무정하다. 옳은 것이 지배하는 것이 아니라 그 시대를 장악하는 조류를 타고 있는 쪽이 지배한다.

중심에서 멀어진 자는 침묵하고 찌그러져 있어야 한다. 다시 찌그러진 것이 펴지는 방향이 보일 때까지 말이다. 이런 것이 반복되는 것이 세상이니 현재의 상황이 자신의 뜻과 다르다 해서 너무 애석할 일은 아니다.

62

알고 있는 사람이 많아서 항상 분주하던 사람이 있었다. 어느 날 문득 몇 명만 두고 모든 사람과의 관계를 끊었다고 했다. 왜냐고 물으니, 모든 사람이 자기를 이용하려고 만난다는 것을 이제야 깨달았다고 한다.

누군가의 목적이 아닌 수단이 될 때 사람은 비참해진다. 이런 것을 지금 느꼈다면 이제부터라도 자신을 바꾸어야 한다. 모든 사소한 것이라도 빌미는 나로부터 비롯된다. 때문에 자신을 반성해야 한다. 진정으로 우러나는 정성으로 자신을 찾아온 사람을 대한다면 설령 상대가 나를 이용하여도 언젠가는 스스로 부끄러움을 느낄 때가 온다.

63

숨을 쉬어야 살 수 있다는 것을 느끼면 그때부터는 숨에 압박을 받게 된다. 느끼지 못하지만 얼마나 많은 것들이 자신을 살리고 있는지 알아채는 순간이 있다. 몸에서 느끼지 못하는 부위가 있다면 실제로 이곳은 특별한 경우를 제외하고는 대체로 편안한 것이다.

64

지진이 일어나면 사람들이 다치고 건물이 붕괴된다. 몸 안에서도 이런 지진이 일어난다. 마음이 다치고 몸이 붕괴된다.

65

발바닥이 아픈 것은 땅에 맞대고 있는 몸 안의 음기가 약해져서 그렇다. 음기를 보하고 몸에 습기를 없애야 한다. 몸이 축축해지면 음기가 모자라고 결국에는 양기도 손상된다.

66

인간의 진화하는 사상이라는 말은 가볍기가 그지없다. 인간의 사상은 진화가 아니라 "더 이상 진화할 것이 없다."라고 말해야 한다.

67

종교 수행자가 학벌을 자랑하고, 교육자나 의사가 금력을 과시하고, 정치가가 말마다 국민을 위해서 일한다 하고, 예술가가 이즘이 어떻고 하는 등등의 것들은 모두가 꼴불견이다.

68

고독은 외로운 것이며 감정의 내향성에서 온다. 사람에 따라 고독의 차이도 크다. 인간은 본래 고독하다. 지난날의 태어남과 죽음이 모두 홀로였으므로 고독은 인간의 몸에 밴 익숙한 경험이다.

69

사람이 사람을 속이는 것이 아니라 돈이 사람을 속이는 것이라고 말하는 사람이 있다. 그러나 그것도 결국에는 사람이 사람을 속이는 것이다. 원인은 항상 밖이 아니라 내부에서 찾아야 한다.

70

속에 열이 있거나 소변이 시원하지 않은 사람은 맥주를 마시는 것이 좋고, 몸이 차거나 소화가 더딘 사람은 소주를 마시는 것이 좋다. 소주와 맥주를 섞어서 마시면 승강이 되어 피의 흐름이 더욱 활발해진다. 그러나 술이 지나치면 모두 힘들어진다.

71

여름에는 몸의 중심을 잡아주는 오미자차를 마시는 것이 좋고, 겨울에는 몸을 따뜻하게 하는 생강차를 마시는 것이 좋다. 봄에는 자연의 기운이 아지랑이처럼 오른다. 열이 생길 수 있으므로 녹차를 자주 마시는 것이 좋다. 가을은 기운이 하강하며 건조해지는 계절이다. 갈대뿌리를 우려 차로 마시는 것이 좋다. 당뇨가 있는 사람은 인동차를 항시 복용하는 것이 좋다.

72

자신 안에 사회의 모순을 담고 사는 사람은 항상 급하고 투덜거린다. 무언가를 이루며 만들어 가는 것에도 항상 모순이 생긴다. 이것이 외부의 원인처럼 보여도 본래 자신이 갖고 있던 모순성 때문이다.

73

오래 기억되는 사랑은 설렘보다는 아쉬움이 많다. 자살에 이르는 사랑은 죄의식과 숭고함 사이의 갈등에서 온다. 상대를 죽음에 이르게 하는 사랑은 사랑이 아니다. 사랑의 접근에 대한 애매함과 권태는 상대를 질식시킨다. 사랑은 지성이 아닌 감성이다.

74

인간에게 있어서의 성스러움이란 양심에 입각한다. 본연의 양심을 온전하게 회복하여 이깃에 따르머 산다. 이런 길은 마태복음에 나오는 것처럼 좁은 문이며 왕양명이 추구한 최선의 세계로, 마음의 순수함에 바탕을 두어야 한다.

75

단테와 괴테의 여성 찬미는 남성 안에 존재하는 여성성에서 비롯된다. 그것을 보지 않으려는 남성 위주의 지성사에 있어서 여성을 통한 영적 승화는 그나마 다행이다.

주역에 택산함(澤山咸)이란 괘가 있다. 함(咸)이라는 것은 두루 미치어 느낀다는 뜻이다. 남녀의 감정적 애정이 문란함이 아닌 자연의 남성성과 여성성같이 무심하게 서로를 느낀다. 단테와 괴테의 소년적인 감수성이 자연의 소녀 감성 아래에 누워 서로 이야기를 주고받는 느낌이다. 스스로 비운 사람들이 사랑을 받아들일 때도 이런 모양이 된다.

76

한 나라의 가장 으뜸이라고 스스로 자부하는 사람들이 모여서 하는 일이라곤 싸우다가 또다시 싸우고를 반복한다. 이런 일들을 또 자랑스러워하고 기뻐하고 자축한다. 스스로 패거리가 된 자들이 정의라는 깃발을 휘날리며 세상을 짓밟고 있다. 사악한 정의는 폭력이다. 나라의 역사를 이런 부류들이 이끌어 가는 것은 아름답지 못하다.

77

신에 대하여 알고 모르고를 떠나서 신에 대한 믿음을 갖는다면 신은 그에게 존재한다. 즉 신의 존재 여부는 개인의 믿음에 의지한다. 신에 대한 믿음이 있는 자에게는 신이 존재하는 것이고, 신에 대한 믿음이 없는 자에게는 신이 존재하지 않는다. 있다고 믿는다면 있음에서부터 모든 것이 전개되는 것이니, 없음에서 시작하는 사람과의 시각과 서로 요원해진다.

78

신이 있고 없고를 떠나서 스스로 십자가를 질 위치에 있는 사람이라면 자신의 의무를 다하여야 한다. 극한의 고통으로 인해 지푸라기라도 필요한 자에게 그 희망은 결코 허황된 것이 아니다.

79

중심력을 잡고 활동적인 운동을 하면 양적인 에너지가 길러지고, 조용히 걸으며 깊은 호흡을 하면 정적인 에너지가 길러진다. 통증과 가려움증은 정적인 에너지가 부족해지면 심해진다.

80

마음의 눈이 열리면 막힌 곳에 있어도 답답함이 없다.

81

신경증이 있는 사람은 대체로 소심하면서 예민하고 속이 냉하다. 의식으로 가슴 중앙을 응시하면서 천천히 호흡을 하고 항상 몸을 따뜻하게 하는 음식을 섭취한다.

82

잘 잊어버린다는 것은 삶의 의지가 줄어드는 것이다. 정신이 자연으로 바쁘게 되돌아가면서 영혼을 못 챙기고 있다.

83

기운이 있으면 살고 기운이 없으면 죽는다. 기운은 정신에서 나온다. 정신은 태어나면서부터 운명적으로 갖추어진다. 정신은 한 개인의 몸과 영혼을 평생 관리한다. 잘 먹고 못 먹는 것도 정신과 관련이 있다. 건강과 장수 여부도 모두 여기에 있다.

84

팔꿈치와 무릎은 외부의 기운이 우리의 몸으로 들어오는 관문이다. 물이 흘러 큰 호수가 되듯이 기운은 이곳에 머물다 인체의 장부로 전해진다. 눈에 보이지 않는 것이라도 자연의 기운은 인체와 어울린다. 팔다리의 운동은 장부의 기능에 많은 영향을 준다. 평상시에 팔다리를 열심히 놀려야 건강해진다.

85

세차를 하니 더럽혀진 차가 깨끗해졌다. 눈비나 먼지로 또 더러워질 테지만 그렇다고 지금 상태로 계속 타고 다니는 것도 불쾌한 일이다. 그러니 세차를 한다. 등산하는 사람에게 다시 내려올 것인데 왜 오르느냐고 하지는 않는다. 가끔 사람의 감정도 세차처럼 깨끗이 씻으면 좋지 않을까 생각한다. 여러 감정의 과소비로 몸의 이곳저곳이 피폐해져 있을 때 한 번씩 싹 씻어주면 상쾌해질 테니 말이다.

그런데 차는 물로 씻는다지만 마음은 무엇으로 씻어야 한단 말인가? 가장 좋은 방법은 운동이다. 아무런 생각 없이 모든 잡념을 내려놓고 일주일에 한 번이라도 숨이 헉헉거릴 정도로 땀나는 운동을 해준다. 감정의 찌꺼기가 숨과 땀에 모두 씻겨 나간다.

마음속으로는 '이제 모두 비워졌으니 나의 몸은 청결하다.'고

세뇌를 한다. 그러면 몸도 가벼워지며 생활에 활력을 얻게 된다. 몸이 청결해지면 마음이 가벼워지고, 마음이 가볍다 생각하면 몸도 가벼워진다.

86
—

교묘하게 말을 잘하는 사람이 소위 잘나가는 세상이다. 물론 옛날에도 이러했으니 논어에서도 말만 잘하는 사람을 경계하라 하였다. 사람을 이용하는 사람들은 겉으로는 쉽게 표시나지 않게 그럴듯한 말로 속이며 열광시킨다. 그런 부류를 쉽게 따라가는 사람들은 어리석다. 인간의 분별력은 얇고 가볍다.

87
—

자연 속에 감추어진 무진장한 보물들이 조금씩 세상에 보여진다. 현재는 닫힌 장막에서 겨우 나온 것들이다. 손은 곧 무언가를 장막 뒤에서 끄집어낼 것이고 세상은 놀람으로 가득 찰 것이다.

88

베일에 덮인 사람은 아름답다. 잠시 만남이 있은 후 헤어져 더 이상 상대에 대하여 아무것도 알 수 없을 때 신비성은 더욱 그를 아름답게 기억하게 한다. 계속 만난다면 모든 것을 알게 되고 아름답게 포장하고 있던 모든 것은 노출되어 더 이상 찾을 것이 없어질 수도 있다.

그럼에도 불구하고 그를 아름답게 할 수 있는 것은 그도 알지 못하는 내면이다. 자신도 모르는 내면은 분명 상대도 알기 힘들다. 보이는 것이 아름답기 위해서는 내면의 은밀함을 갖추고 있어야 한다. 그러나 보통 그러기는 쉽지 않다. 신들의 은밀한 내면을 그 안에 이식을 시키지 않는 한 말이다.

89

플라톤의 생각처럼 모든 예술적 창조는 자연의 재현이다. 모든 학문적인 것도 자연의 발현이다. 음악은 자연의 언어이고 미술은 자연의 그림이며 과학은 자연의 마술이다.

90

완벽함을 평생 동경하고 살았던 자들의 죽어 가는 별이 있다. 여기에 있는 영혼들은 지루함을 모르고 잘 학습되어져 있으며 매일 같은 행동만 한다. 이들의 영혼은 썩지 않으며 다른 것으로 변화되지도 않는다. 이들 영혼이 보는 것은 모두 동일하며 규칙적이고 완벽하다. 이들은 언제나 완벽을 추구한다. 자신의 영혼마저 자연을 거부하고 모든 썩지 않는 부품으로 바꾸었다. 완벽하지 않은 것은 죄악이고 거추장스러운 것이며 추악함이다. 사람들은 그 별을 완성이라고 부른다.

91

구속은 자유를 억압하는 강제성이다. 그러나 영원한 구속이라면 오히려 그 안은 자유다. 영원한 지속은 구속의 한계나 울타리를 벗어난다.

92

인간의 삶을 최고로 이끄는 것은 진리, 신, 양심, 아름다움, 정의, 도덕, 믿음, 사랑 등등보다 앞선 자유이다.

93

자연을 관조(觀照)한다는 것은 '나'라고 여기는 것이 그 안에서 따로 튀지 않으며 같음 속에서 조화하는 것이다. 석양의 나무와 새 그리고 농부가 있다면 나의 몸과 영혼도 대자연의 본성으로 들어가 같이 머문다. 동적인 것과 정적인 것은 다만 이 속에서의 리듬일 뿐이다. 관조는 움직임에서 고요하고 고요에서 역동적이다.

94

눈이 내린다. 왜, 내린다고 했을까? 눈이 온다. 왜, 온다고 했을까? 눈이 있는 계절은 모든 위에 있는 생각들도 눈을 타고 내려온다. 증발한 생각들이 찬 눈에 얽히어 아래로 내려온다. 눈이 오는 날에는 이들의 소리에 귀기울여 본다. 겨울이 지나 대지 아래로 스며든 생각들은 봄이 되면 다시 생명을 타고 대지 위로 나온다. 그때는 자신에 맞는 옷을 입는다.
모든 지상의 생각들은 모였다가 흩어졌다가 하면서 이렇게 유전한다. 한 생각이 하나 둘 어디서 오고, 또 하나 둘 어디서 오고, 그렇게 하여 모이면 오만 가지가 넘는다.

95

인간은 자신의 능력을 다 알지 못한다. 개인이 느끼는 한계란 그냥 느낌일 뿐이며 결괴는 아니다. 어떠한 시공간을 접하느냐에 따라 한계는 달라진다. 그렇게 한계를 극복한 최고의 가장 끝에 도달하여도 인간이라고 말한다. 인간이 신을 모르기 때문이다.

96
—

동양학의 중요 근간 중에는 한의학과 유학이 있다. 한의학은 자연 속에서의 인간의 기전을 다루는 학문이고, 유학은 사회 속에서의 인간의 기전을 다루는 학문이다.

97
—

어린이의 눈물은 승부에서 나오고, 젊은이의 눈물은 시련에서 나오고, 노인의 눈물은 지루함에서 나온다.

98
—

젊어서는 부자, 권력, 명예 등을 꿈꾸는 경우가 많을 수 있으나 점차 오십이 넘으면서부터는 그 꿈이 건강하게 살다가 죽기를 바라는 것으로 변하는 사람이 많다. 건강하게 늙어서 잘 죽는 것이 결코 쉬운 일이 아니란 것을 알 나이가 되었다.

99

사랑하는 사람이 없이 홀로 외로운 것은 고독한 삶이고, 사랑하는 사람과 같이 있어도 외로운 것은 괴로운 삶이다.

100

일만 시간을 투자하면 그 분야에서 어느 정도의 경지에 이른다. 그러나 최고가 되려면 시간만 투자해서는 안 되고 타고난 재능이 있어야 한다.

101

'생각은 밖에서 노는 데 있고 몸은 답답한 방 안에 있다면 둘 중에 누가 진정한 나일까?' 하고 묻는다. 생각이 위주라면 '생각이라 할 것이고 몸 위주라면 몸이라 해야 한다. 그러나 나는 몸도 생각도 아니다. 내가 나라고 부르는 몸과 생각은 하나의 이름일 뿐이다. 나의 몸, 나의 생각이라고 했으니 나는 따로 있다. 그 나를 정신이라고 부른다. 나는 곧 정신이고 정신이 가려는 의지가 생각과 몸으로 표현된다. 정신이 무력하여 조화가 깨지면 생각과 몸 둘 모두가 힘들어진다.

102

참회나 기도가 필요할 때는 단식하는 것이 좋다.

103

싸우거나 다투는 것은 양쪽이 같은 수준이기 때문에 발생한다. 한 차원이라도 높은 사람이라면 다투지 않는다.

104

모든 일에 최선을 다한다. 이 말은 몸으로 마음으로 매우 힘들게 하는 글이다. 무심하게 정성을 기울인다고 고쳐본다.

105

어느 신부가 이렇게 말했다. "최선의 하느님은 최선의 길로 이끄신다." 이것을 바꾸어 써본다. "최선의 길은 최선의 하느님을 이끈다."

106

아무리 좋은 강의라 하여도 강의 시간이 길어지면 가치가 떨어진다. 가르치는 말은 짧을수록 좋다. 말이 많은 것과 중요한 것이 항상 비례하지는 않는다. 스승의 은혜로운 말이 제자에게는 지루한 소음으로 변하기도 한다.

107

차를 마시는 공간은 넓거나 좁은 것과는 상관없이 분위기가 중요하다. 혼자 고요히 즐기는 사람들은 방해받는 것을 좋아하지 않는다. 자연과 어우러진 조그만 찻집이면 그들이 쉬기에 좋은 곳이다.

자본의 논리로 운영되는 거대한 커피숍을 좋아하는 사람들의 심리는 가면의 허세다. 너무 시끄러워 서로의 말이 소통이 잘 안 되어도 자신들이 그 공간에 끼어 있는 것 자체를 좋아하는 심리다.

조용한 커피숍에서 만나는 것을 두려워하는 사람도 많다. 침묵에 익숙하지 않거나 싫은 사람들이다. 주위가 시끄러우면 잘 드러나지 않던 침묵이 조용한 곳에서는 무겁게 다가오기 때문이다. 그 침묵의 무게를 이길 수 없을 때 사람은 불안을 느끼게 된다. 스스로 자신과의 대화에 익숙한 사람일수록 조용한 커피숍에서 혼자만의 커피를 즐긴다.

술집도 마찬가지다. 혼자 조용한 곳에서 음악을 들으며 천천히 혼술을 즐기는 사람은 고독과 침묵을 사랑한다. 시끄러운 곳을 즐기는 사람은 이러한 공간에 오래 머물 수 없다. 허세는 침묵을 싫어한다.

108

지성적인 사람이 허세를 부리는 것을 보면 약간 촌스럽다.

109

전에 제자에게 선물로 받은 난(蘭)이 죽지 않고 나와 오래 같이 있다. 처음에 들어올 때는 줄기가 어린 손처럼 가냘프더니 이제는 장정의 힘줄처럼 억세다. 언제나 곁에서 나의 말과 행동을 보았으니 삶의 증인이 되어 간다. 나의 양심이 난에게 부끄럽지나 않았으면 좋겠다.

110

타락한 종교인의 기도는 신앙의 건물에 기록되고 타락한 위정자의 권모술수는 역사에 기록된다.

111

마음이 한결같아야 일에 통달이 된다. 일관성 있는 마음가짐으로 가야 도모하는 사업을 이룰 수 있다. 과거 불초제자의 앞날을 위하며 스승이 써주신 글자가 '심일사수(心一事遂)'이다. 마음이 한결같아야 사람이 하는 일이 이루어진다는 뜻이다. 사람에게 있어서 일(一)은 다만 정성(精誠)일 뿐이다.

112

우리에게 주어지지 않은 우연이란 것을 정신이 마주하며 가는 것이 인생이다. 인생은 수많은 우연과 만난다. 그러나 우연이라는 것도 정신의 입장에서는 조화나 부조화에 따라 크게 달라질 수 있다. 우연이 필연이 되는 경우가 생긴다.

113

정신을 변화하기는 어렵다. 그래도 변화하고 싶은 욕망이 있다면 자신이 원하는 것을 영혼 깊숙이 주입하고자야 한다. 매일 잠들기 전 잠깐 자신이 변화하고픈 대상을 생각하면서 잠든다. 이러한 영향이 깊은 내면에 뿌리를 내리면 정신은 서서히 변화한다. 변화가 어려운 거대한 욕망이라면 자신을 파멸시킬 수도 있다.

114

어떤 수행자가 있어 조용히 정좌하여 마음을 가라앉히고 자신의 내면에 들어 큰 깨달음에 이르렀다고 하였다. 주위의 모든 사람들이 그를 따라하고 칭송하였다. 그러나 사실 그가 제일 잘할 수 있는 것은 그저 앉아만 있는 것이었다.

이 사람이 늘 앉아서 명상만 하지 않고 사회의 치열한 공간으로 나와서도 훌륭하게 모든 일을 잘한다고 볼 수는 없다. 그는 그저 앉아서 명상하는 것에만 적합한 몸을 타고난 것일 뿐이다. 사람은 자신이 부족한 면을 잘하면 우러러 보는 습성이 있다.

115

당신이 있으므로 내가 있다고 생각하며 사는 사람과, 내가 있으니 당신이 있다고 생각하며 사는 사람의 삶의 방향은 사뭇 다르다.

116

자신이 알지 못하는 다른 세계를 인정하기 위한 첫 번째의 관건은 그것에 대한 믿음이다. 믿음은 헌신이다. 그러나 잘못된 믿음은 자신을 파멸에 이르게 하는 집사 역할을 한다.

117

병에 암이 있듯이 사회에도 암적인 존재가 있다. 이들의 증식은 모두 위험하다.

118

사람을 체하게 만드는 것은 환경이나 음식보다 말이 더 세다.

119
―

잘못된 지식을 확신하고 사는 사람이 많다. 인생이 크게 달라질 것이 없다 하여도 이런 확신으로 인하여 큰 기회를 잃을 수도 있다.

120
―

말이 머무는 저 언덕
세상의 바람도 한 번씩 쉬어 가네.
이곳에는 가끔씩 센 말들도 머물렀기에
어떤 것들은 부끄러워 넌서 떠나네.
괴이한 말들이 며칠을 머물 때면
돌과 새, 구름도 숨죽여 듣는다네.
자네의 지난 말도 그곳에 있을지 모르지.
알고 싶다면 어서 저 언덕으로 가보게나.

121

자연의 정밀한 물질을 정(精)이라 하며 여기에 목숨을 갖게 되면 영(靈)이라 하니 합쳐서 정령(精靈)이라 한다. 욕망을 갖는 정령을 혼(魂)이라 하고 욕망이 꺾인 정령을 백(魄)이라 한다. 조화와 변화함에 예측할 수 없는 것은 신(神)이라 하며 정과 합쳐서 정신이라 한다. 여기서의 신은 종교적 절대 초월자를 말하는 것과는 다른 의미이다.

영혼은 에너지이며 마음을 움직인다. 언어와 행위와 의지에 영혼이 관여한다. 사람이 죽으면 정은 땅에서 썩고 신은 다시 자연으로 흩어진다. 영혼은 지체의 에너지로 움직인다. 그 에너지의 향하는 곳은 알 수 없다.

언어는 정신의 의식이 갖고 있던 것이기에 정신을 떠난 영혼에는 언어나 사상은 없고 한정된 숨과 욕망만이 있다. 정신은 그 무엇이 세상에 나오면서 일치되는 시공간이기도 하다. 자연의 개체와 사회는 모두 각자의 정신이 있다. 부모와 같은 전생의 인연된 저력으로 맺혀져서 세계로 나올 때 그 찰나의 시공간이 바로 그의 정신이 된다.

인간에게 있어서 의식과 영혼은 모두 이 정신에 영향을 받는다. 정신은 자신의 운명적 흐름대로 가다가 죽음에 이르면 비로소 다시 자연으로 흩어지게 된다. 다만 정신 안에 머물던 에너지가 강한 영혼은 간혹 다른 차원의 세계로 건너가기도 한다고 한다.

바울은 "죽은 이들이 살아나지 않는다면 예수도 살아나지 않았을 것"이라고 말했다. 이는 강한 영혼인 영적 에너지의 유전을 말한다.

새로운 정신을 만나 양심과 사랑과 온유의 용기로 저 거친 광야로 나가는 영혼이야말로 고귀하다. 종교에서는 몸은 성전이며 영혼은 성령이다. 양심에 입각한 순수한 영혼이야말로 하느님의 숨이라고 말한다.

122

몸에 집중하면서 생각에 끌려다니지 않는다. 이것은 건강해지는 한 방법이다. 문득 불안한 생각이 떠오르면 배꼽 같은 곳을 응시하고 생각을 멈춘다. 그렇게 생각에 잠시 거리를 두면 그 불안은 차츰 사라진다. 염불이나 기도도 모두 같은 방법이니 쓸데없는 망상을 없애준다.

123

위기에 처해 스스로 해결할 수 없는 사람은 무언가에 기대고 싶은 욕망이 생긴다. 이럴 때 사람들은 기도를 한다. 기도는 스스로 낮추고 경건하고 간절하다.

다윗의 기도는 이렇다. "당신의 자비로 살려주소서. 죽으면 당신을 생각할 수 없고 죽음의 나라에서는 당신을 기릴 자 없사옵니다." 하느님이 있다고 믿으니 이렇게 하는 것이다. 내가 살아서 당신을 기리고 있으니 당신은 모든 정성을 다해 나를 살려내고 영화롭게 하라고 당당히 요구한다.

그러나 신을 믿지 않는 사람은 어떻게 하여야 하는가. "내가 당신을 알 수 없으나 나를 살려주소서. 죽으면 당신을 생각할 수도 없고 죽음의 나라에서는 더욱 그러하니 말입니다." 이것이 최선이다. 안 하는 것보다 무엇이든 하는 것이 낫다.

기도는 잡된 마음이 사라지는 순수한 행위이다. 순수한 곳에는 길이 있다. 그 자체만으로도 이득이다. 기도는 자신 안의 신이 가장 잘 접속할 수 있는 시공간이다.

신으로 통하였다면 자비로운 은혜가 있다. 신은 자비로울 거라고 생각하는 것은 인간의 본성이다. 순수한 본성은 창조의 기운이다. 그러기에 통할 수 있다. 알 수 없는 것에 대해서는 있다 없다 우길 것 없이 필요하다면 일단 기대고 본다. 운이 좋으면 어떤 신이라도 찾을 테니 말이다.

좋은 기도는 운도 트이게 한다. 삶은 어차피 부조리하다. 어디서 무슨 일이 일어날지 모른다. 내일 일어날 일에 대하여 개인의 자유 의지란 없다. 모든 것은 어떤 모름의 뜻에 따라야 한다. 그 모름은 인간의 영역이 아니다. 이것이 하느님을 인간세계로 끌어온 이유이다.

124

세상의 오가는 인연들을 경험하면서 사람은 형성된다. 누가 "당신은 누구냐?"고 묻는다면, 나는 "나를 오고간 인연과 체험의 집합체이다."라고 대답할 것이다. 실존은 쉼 없는 인연의 반복이다.

개인의 말과 행위는 사회와 자연 속에서 타인의 의지와 욕망에 뒤섞여 존재한다. 이러한 존재를 가치기 있게 만드는 것은 사랑이다. 나는 살면서 한 번이라도 누군가의 사랑이었는지를 생각해본다. 나이가 들어 뒤를 돌아다보니 과연 얼마나 많은 사랑이 나와 같이 있었는지를 알 수가 있다. 말과 몸으로 사랑을 실천하는 사람은 참으로 고귀한 영혼의 소유자들이다.

지난날 나에게는 어린 나이에 병으로 아픈 딸이 있었다. 한 가정에 심한 환자가 있으면 방 안의 공기도 우울하다. 우울은 전염성이 강하고 유쾌하지 못했다. 그러면서 여러 해가 지났고 마침내 우울을 치우는 해가 떴다. 먼 곳으로 시집간 누님이 자신의 몸을 덜어 나의 딸을 살려준 것이다. 기계소리와 우울한 공기도 단숨에 치워주었다.

평소에 절제와 사랑으로 한 삶을 살아오신 분의 인연이 아픈 딸에게 은혜롭게 닿았다. 어머니와 아내의 걱정과 한숨은 다시 미소를 찾았고 어린 딸은 자신에게 온 생명으로 이제 다른 인연을 살아간다. 이런 큰 사랑을 체험한 것은 앞으로의 자신의 삶도 새롭게 바꾼다. 어떤 인연은 곧 자신이 되기도 한다. 사랑의 인연은 복되고 기쁘고 뜨겁다.

삶은 덧없다. 그러나 이런 삶에도 구제하는 묘약이 있으니 그것은 바로 사랑이다.